ミステリーアイランド

MYSTERY ISLAND

青戸しの
大矢博子
佳多山大地
千街晶之
政宗九
三宅香帆

講談社編

KODANSHA

MYSTERY ISLAND Contents

佳多山大地

千街晶之

政宗　九

三宅香帆

はじめに

ようこそ、『ミステリーアイランド』へ。
荒れた波、落ちた橋、途絶えた電波、消えた船、新たな死体――。
ここは、時代も国も超えて愛され続ける、孤島ミステリーの傑作が犇《ひしめ》く特別な場所。

非日常感に満ち溢れた孤島は、人間心理の極限を描き、読者に恐れと驚きを提供してきました。燦然と輝く古今東西の六十六島を、六人の書評家が案内します。

本企画は二〇二一年に誕生した会員制読書クラブ：Mephisto Readers Clubの会員の皆さまにＬＩＮＥで配信した企画を書籍化したものです。
ＭＲＣの詳細は https://mephisto-readers.com/ または二次元コードからご確認ください。

連載の各回では、書評とともに筆者からのアンケートを配信しました（質問と選択肢も筆者によるものです）。本書にはそれらのアンケートも収録しています。自分ならこう答えたはずだ、と想像しながら「孤島」での生活をお楽しみください。

また、巻末には企画開始時に行った「ドラフト会議」を収録しました。連載に先んじて六人の筆者が担当したい「孤島」を指名し、指名が重ならなければ獲得、重なった場合はじゃんけんで担当孤島を決定しました。こちらも併せてお楽しみください。

本書がミステリー好きの皆さまにとって、まだ見ぬ「孤島」を訪れるきっかけとなりますように。

それでは、いってらっしゃいませ。

ＭＲＣ編集部

MYSTERY
ISLAND

ミステリーアイランド

しの

二〇〇一年、神奈川県生まれ。二〇一八年夏から被写体としての活動を始め、自身やカメラマンのSNSに写真がアップされると、そのつかめない表情や雰囲気、かわいさからすぐに話題となり人気が急騰。現在は「小説現代」（講談社）にてミステリー小説の書評連載を務めるほか、映画の感想コメントを提供するなど、ライターとしても活躍の幅を広げている。

青戸

MYSTERY
ISLAND

AOTO Shino

青戸しの

第一回　戒め

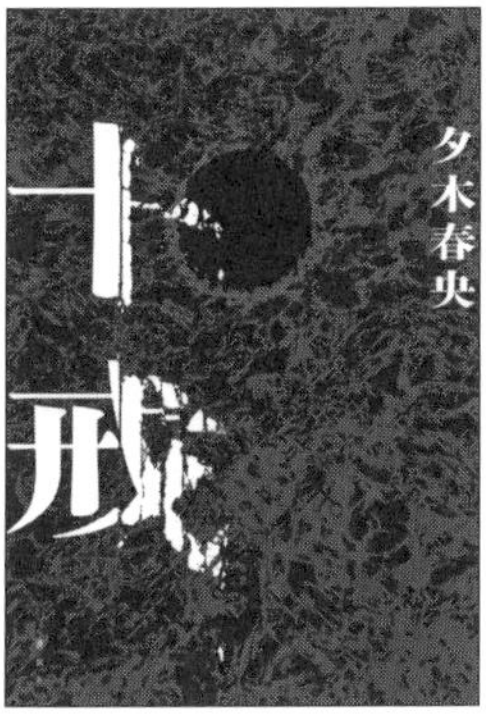

夕木春央
『十戒』（講談社）

「一番」を乱用する大人が苦手だ。

そのランキングは生涯確立されたものなのだろうか。違うのであればいつから、いつまでの話なのか。ひねくれた奴《やつ》だと思われるのが怖いので、わざわざ突っかかったりはしないけれど。

二〇二三年の年明け、『方舟』を読了した私は自信満々に触れ回った。

「この先一年、いや今後数年で一番面白いのは間違いなくこの一冊だ」と。

触れ回っただけならまだしも、私は「小説現代」の書評で同じ様なことを書き綴《つづ》った。

そして数ヵ月前、同じ著者である夕木春央の『十戒』を抱《かか》え、ダラダラと冷や汗をかいていた。

〝一番〟はもう使えない。残された手札で、本書の良さを正確に伝える事ができるのだろうか。

父と共に、小さな無人島を訪れた里英《りえ》。

初日の夜が明けると、一人の死体が発見される。

しかし、通報も、島からの脱出も許されない。電波や天候の問題ではない。

〝この島にいる間、決して殺人犯を見つけてはならない〟

犯人が残した十の戒律を破れば、全員が死ぬことになる。

これは単なるあらすじだが、ここまででも幾つかの謎《なぞ》が生まれる。

そして増えていく謎を追求すればする程、足をすくわれるのだ。

前述は自分への戒めである。

驚愕《きょうがく》も衝撃も、どれほど大きな賞賛も超えてくる鬼才は存在するのだ。

猛省中に、とある企画書が送られてきた。

青戸しの

それがこの〈ミステリーアイランド〉だ。参加者六名でドラフト会議を行い担当の孤島を決める。

順位付けはもう懲《こ》り懲《ご》りだが、誰かに取られてしまうくらいなら、と私は迷わず『十戒』を第一指名に挙げた。

QUESTION

質問

『十戒』を読みたいと思いましたか?

A　はい……223人

B　いいえ……5人

C　どちらかといえば、はい……42人

D　どちらかといえば、いいえ……3人

第二回　愛すべきメフィスト賞受賞作

早坂　吝

『〇〇〇〇〇〇〇〇殺人事件』（講談社）

人に何かを勧める際、なるべく良質なものを選ぶ。当然の行為だが理由は明白で、勧めた側の趣味嗜好《しこう》、ものによっては品格までもが滲《にじ》み出《で》てしまうからだ。

つまり「センス悪いな」と思われたくないのだ。

私にセンスがあるかはさておき、ミステリ小説を勧める際に必ずセレクトする作品がある。

早坂吝『〇〇〇〇〇〇〇〇殺人事件』。

青戸しの

本を開くや否や著者からの挑戦状が叩《たた》きつけられる。「君達にこの謎解《なぞと》きは不可能だと思うので、せめてタイトル当てくらいは頑張ってくれ」といった内容だ。流石《さすが》メフィスト賞受賞作、何とも自由で愉《たの》しい序章だ。

そして怒らないで聞いて欲しいのだが、読了した私も著者と全く同じ意見である。灰色の脳細胞を持っていたとしても、本書の謎解きは不可能だ。

大人しくタイトル当てに徹したほうがいい。

冴《さ》えない公務員の沖健太郎《おきけんたろう》は、絶海の孤島にある知人の別荘で開かれる、夏休み恒例オフ会に参加した。

しかし到着した翌日、二人が失踪《しっそう》。続いて殺人事件が起こり、さらに謎の密室。

ロジカルかつコミカルな作風で、するすると読み進めることが出来るが、同時に読者は謎解きの鍵《かぎ》となる小さな異変を見落としてしまう。

その異変こそが、常軌を逸《いっ》した真実の裏付けとなるのだから、読者は素直に負けを認めるしかない。

怪作にして快作、悔《くや》しさなど感じる隙《すき》も無く、思わず笑ってしまう様なこの一冊を、私はこれからも、自信を持って人に勧め続けるだろう。

ただし、片思い中の相手は除くものとさせて頂く。

QUESTION

質問

あなたは謎を解く自信がありますか?
もしくは解けましたか?

A	自信がある	15人
B	自信がない	133人
C	読了前に解けた	6人
D	分かる訳ないだろ!	100人

青戸しの

第三回　始まりはここから

西尾維新
『クビキリサイクル　青色サヴァンと戯言遣い』（講談社）

物語シリーズ、最強シリーズ、世界シリーズ等、数多くの名作を生み出してきた西尾維新の原点、『クビキリサイクル　青色サヴァンと戯言遣い』

タイトルの通り、作中では主人公〝いーちゃん〟の戯言《ざれごと》が次々と並べられる。

〝世界は優秀に厳しい。世界は有能に厳しい。

世界は綺麗《きれい》に厳しい。世界は機敏に厳しい。
世界は劣悪に優しい。世界は無能に優しい。
世界は汚濁に優しい。世界は愚鈍に優しい〟
軽やかで、それでいて重い、言葉の羅列。

西尾維新は言葉遊びに秀でている、というのは周知の事実だが、その才能を小説に充ててくれて本当に良かった。

彼が詐欺師《さぎし》を生業《なりわい》としていたら、大勢の人が欺かれていただろうし、教祖であれば小さな国一つ作れたのではないだろうか。

ミステリ作品において登場人物に特別な感情を抱くことはあまり無いが（死んでしまったら悲しいから）本書は、というよりも西尾維新作品は別だ。

舞台は勿論《もちろん》、絶海の孤島。

工学の天才美少女、玖渚友《くなぎさとも》、その付き添いとして連れてこられた戯言遣いのいーちゃん。

その他、五人の才女が財閥令嬢によって集められる。

天才達もさることながら、財閥令嬢やそのメイドまでもが主役に匹敵するほどの個性の持ち主だ。

そして発見された首なし死体。孤島×密室×首切り殺人という魅力的な連鎖に、ミステリ好

青戸しの

きが反応しないわけが無い。
メフィスト賞受賞作にして、作者のデビュー作となる『クビキリサイクル』。小説家、西尾維新を天才と評するに相応《ふさわ》しい一冊だ。

QUESTION
質問

謎解きまでにタイトルの意味を理解できましたか?

A　できた……23人
B　できなかった……91人
C　最初から嫌な予感がしていた……53人

第四回　事実の証明

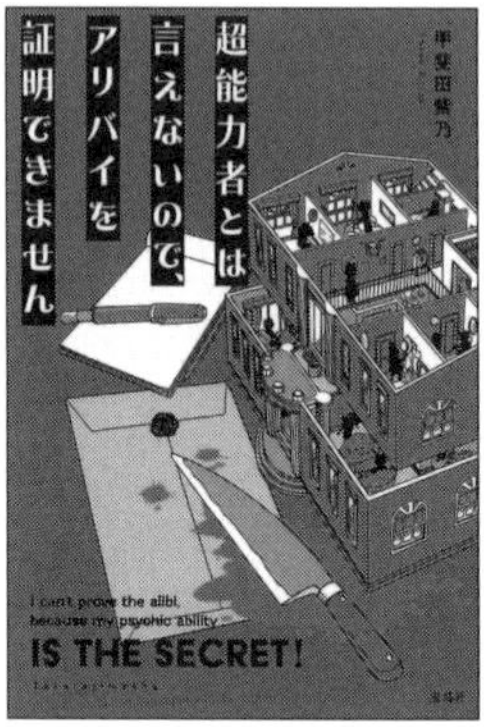

甲斐田紫乃『超能力者とは言えないので、アリバイを証明できません』（宝島社）

「オーラが見える」と言う友人がいる。

「他人の思考がなんとなく読める」とも言っていた気がする。それが真実かどうか確かめる術《すべ》は無いし、私達の友情に然程《さほど》影響は無い。

お互いミステリ好きということもあり、何度かマーダーミステリのイベントに誘ってもらった事があるけれど一度も顔は出していない。誰が好き好んで他人の思考が読める（と自称して

青戸しの

いる）人間と推理ゲームをするのだ。仮に絶海の孤島への招待状が二枚届いたとしても彼は誘わない。

だって面白くないじゃないか。仮に殺人事件が起きたとしたら探偵役は彼のものだ。

『超能力者とは言えないので、アリバイを証明できません』はタイトルに惹《ひ》かれて購入した一冊だ。

大富豪の遺産をめぐり、孤島の館《やかた》に集められた一族。そこで遺言書が盗まれ、白いジャケットを残し弁護士が消えた。足元には血の付いたナイフ。探偵は不在、居るのは〝しょーもない〟超能力者。最近、鬱屈《うっくつ》としている作品ばかり読んでいたせいかコミカルな空気に安堵《あんど》した。確かに超能力自体は〝しょーもない〟ものばかりだったが、そこに気を取られていると最後にちゃっかり足をすくわれる。

異質なものはやはり世間から区別される。

超能力のせいでトラウマを抱えた登場人物がいた。ライトな文体だったからか、それは身近な人の心情のようにも感じた。友人の話が真実であれ、嘘《うそ》であれ私には関係無い。次にマーダーミステリの誘いを受けたら参加してみよう、何故《なぜ》だか少し涙ぐんでしまった。

QUESTION

質問

読了後、しょーもなくとも
超能力を使えるように
なりたいと思いましたか？

A　そう思う……76人

B　そうは思わない……26人

C　どちらとも言えない……47人

青戸しの

第五回　恐怖の、その先

小野不由美
『黒祠の島』（新潮社）

「怖い」と感じる事があまりない。

恐怖を避けて暮らしているのだから、当然だ。お化け屋敷《やしき》は外観すら直視しないし、ホラー映画は怖いシーンだけ一・八倍速にして観《み》る。

「監督への冒瀆《ぼうとく》だ！」と一緒に映画を観ていた家族に罵《ののし》られた事があるが、私の中ではむしろ賞賛に近い。

目を逸《そ》らしたくなる程の恐怖に、人を陥れる才があるということだ。『黒祠《こくし》の島』読了までに一週間かかってしまった。小説は、特にミステリ作品は早送りが出来ない。

調査事務所を営む式部剛《しきぶたける》は、懇意にしていた作家の葛木志保《かつらぎしほ》の行方を追い、彼女の故郷、夜叉島《やしゃ》を訪れる。しかし住民からは情報を得ることが出来なかった。その後、島の派遣医の協力を得られることになったが、伝えられたのは「葛木志保は死んだ」という言葉であった。異様なまでに閉鎖的な住民、島で祀《まつ》られている馬頭《めず》夜叉。言葉にするのも憚《はばか》られる姿で発見された死体。フィクションだと分かってはいるものの、良からぬ妄想ばかりが捗《はかど》るので、夜中に読み進めるのは断念した。

孤島ミステリは様々な理由で島に閉じ込められるが、本書は島中の人間がグルになって主人公を追い出そうとする。

〝出られない〟ではなく〝二度と戻って来られない〟という予測的な恐怖。現実ではありえない事が、この黒祠の島で起こっているのだ。

しかし、長きに亘《わた》り愛される作品が「怖い」だけなはずもなく、結末が近付くにつれ恐怖は良質な謎へと姿を変える。

目を背けなくて本当に良かった。

青戸しの

邪教の残る孤島にて、至高のミステリをご堪能《たんのう》あれ。

QUESTION

質問

あなたなら、謎を残したまま
黒祠の島を出ますか？

A　すぐに出る……113人

B　謎を解明してから出る……109人

C　移住する……9人

第六回　狂気と動機

森　晶麿
『M博士の比類なき実験』（講談社）

醜美についてあまり深く考えないようにしている。意識的に思考を放棄し、意図的にそれらの話題を避けている。

ここで言う醜美とは、流行《はや》りのメイクやスタイルアップするジーンズの話をしている訳ではない。

もっと単純で、原始的なもの。

青戸しの

時代の風潮もあるが、単純に恐ろしいのだ。

女神ヘレネーをめぐってトロイア戦争が起きたように、美は人を狂わせ、容易《たやす》く殺す。

大袈裟《おおげさ》に聞こえるだろうが、私は至って真剣だ。


アキラは人生をやり直すため、天才美容外科医M博士がいるO島に向かった。

O島は、近年まで〝鬼〟が出ると噂《うわさ》され、周囲の住民も近づくことはない。

孤島に建つ研究棟には、二人の美しい女と博士の婚約者・レイコがいた。

アキラの手術が成功し、美女との共同生活も束《つか》の間《ま》、M博士の部屋から首のない死体が見つかり事態は一変する。

本書はホワイダニット・ミステリーで、テーマは『美』なのだろう。執念ともとれる美しさについての見解が随所に綴《つづ》られている。


ページをめくる度、私の中で罪悪感のようなものが膨《ふく》らんでいくのを感じた。恐怖とはまた違う、覗《のぞ》いてはいけない深淵《しんえん》を見つめているような感覚。閉ざされた空間が『醜美』という狂気と、動機に満たされていた。

大抵の場合、殺人は凶器を持った人間が起こす行為ではない。

動機を持った人間が起こす。

いつの時代も『美』または『醜』は、大金を動かし、愛を勝ち得、人を死に至らしめる。

冒頭の話が大袈裟だと、一体どれくらいの人が言い切れるだろうか。

QUESTION

質問

『究極の美』を手に入れた場合、次に求めるものはなんですか?

A	愛	45人
B	お金	71人
C	自由	54人
D	『究極の美』の保持	69人

青戸しの

第七回　謎と人、どちらを愛すか

菅原和也『あなたは嘘を見抜けない』（講談社）

長い、ため息を吐《つ》いた。

途端に心臓が体内で飛び跳ねて、うまく呼吸ができていなかったのだと気がつく。

人間が元気に生活する上で必要なものを根こそぎ持っていかれた気分だ。

手の中には小さな文庫本が一冊。

三百ページにも満たないこの一冊に、一体幾つの嘘が重ねられていたのだろうか。数えるの

も気分が悪い。

『あなたは嘘を見抜けない』

孤島の廃墟《はいきょ》探索ツアーで最愛の恋人を失った高辻《たかつじ》は、事故死という結果に納得がいかず、本土にて再調査を始める。孤島ツアー中に発見された首吊《くびつ》り死体の謎を探るハンドルネーム〝ノラニンジン〟と彼女を手伝う〝カントク〟の調査が高辻と交互に語られる。

「本を読まないということは、その人が孤独でないという証拠である」。読了後、太宰治の言葉をふと思い出した。

私は幼少期から、人よりほんの少し多く読書をしてきたと思う。

睡眠時間や食事時間、時には友達や恋人に当てる時間を削って本を読んだ。

だからこそ、私は嘘を見抜けなかったのだろう。本書の登場人物は本物よりよっぽど人間だった。読書という言わば神のような視点に慣れ、他人とのコミュニケーションを蔑《ないがし》ろにしてきた私には到底、あの真相は推測出来ない。人は孤独だから本を読むのではなく、本を読むから孤独になっていくのだろう。

あなたはどちらだろうか。

この書評を読んでいるということはかなりのミステリ好きなのでしょう。

ならば謎と人、どちらをより深く理解しているのか本書で試してはみませんか。

QUESTION

質問

あなたは人間と謎、
どちらの方が親和性が
高いですか?

A　人間……51人

B　謎……85人

C　どちらとも言えない……80人

第八回　名探偵にもう一度

北山猛邦『猫柳十一弦の後悔　不可能犯罪定数』（講談社）

近所のスーパーでチョコレートがコーティングされた柿《かき》の種を見かけた。試しに買って食べてみたものの、特段苦手でもなければ、好きでもなかった。

「別々で食べればいいのに」というのが素直な感想である。

その点、ミステリ作品は良《い》い。

ホラー×ミステリ、ファンタジー×ミステリ、エンタメ×ミステリ。何をかけても美味《おい》しい

青戸しの

のだから。

ただ、ふと思い出す瞬間がある。

青い鳥文庫の中で出会った名探偵達は元気にしているだろうか。

謎に真っ向から立ち向かい、みんなを幸せにしてくれる。そんな名探偵にもう一度会いたい。

私の中での、王道で純粋なミステリ作品にもう一度、あと一度で良いから触れてみたい。

『猫柳十一弦の後悔　不可能犯罪定数』

大学の探偵助手学部に通う君橋《きみはし》と月々《つきづき》は、志望のゼミに落ち、第三希望の弱小ゼミ行きが決定した。教官は、功績不明かつ頼りなさげな女探偵・猫柳十一弦《ねこやなぎじゅういちげん》。そんな中、猫柳ゼミと名門ゼミとの合同合宿が決まり、向かった孤島で、本物の殺人事件に遭遇する。

胸部に杭《くい》が刺さり、蛍光塗料まみれの死体。

透明のアクリル箱に入った死体。

誰が、どうやって、何のために殺したのか。

純正な本格ミステリである。

猫柳十一弦は「もう誰も死なせない」と言った。幽霊の様な見た目で、一見頼りなく見えるが、探偵としての芯《しん》は強く、自分の命をかけて人々を守る。懐《なつ》かしくて、優しい、そして何よ

り愛《いと》おしいと感じた。私はずっと彼女のような探偵を探していたのだ。

QUESTION

質問

初めて読んだミステリ小説は
青い鳥文庫でしたか?

A　はい……33人

B　いいえ……221人

C　覚えていない……35人

青戸しの

第九回　残された光

荒木あかね
『ちぎれた鎖と光の切れ端』（講談社）

手の中の物語で、人は容易く死ぬ。
しかしそれは「容易く殺せる」と同義では無い。
『ちぎれた鎖と光の切れ端』
孤島の海上コテージに集まった七人の男女と管理人。その一人、樋《ひ》藤《とう》清《きよ》嗣《つぐ》は先輩の無念を晴

らすため、管理人以外の客を全員殺すつもりでいた。しかし計画を実行する間際で殺意が鈍《にぶ》り始める。

清嗣が逡巡《しゅんじゅん》していると滞在初日の夜、参加者の一人が舌を切り取られた死体となって発見された。

清嗣が衝撃を受ける中、たてつづけに第二第三の殺人が起きてしまう。被害者は決まって、前の殺人の第一発見者で舌を切り取られていた。

清嗣の心情からは殺意が十分に感じられた。それと同時に〝殺したくない〟という揺らぎも確かに存在している。

とてもクローズドサークルの犯人役とは思えない。

多くの推理小説において、ただの序章に過ぎなかった復讐《ふくしゅう》、その是非が本作のテーマなのだろう。

本作は二部構成になっており、一部では『そして誰もいなくなった』、二部では『ＡＢＣ殺人事件』の要素を取り入れつつ、新たな仕掛けで読者を翻弄《ほんろう》する。

謎解きだけでもかなりの満足感があり、読了後、二冊分のお金を払うべきではないか、と真

青戸しの

剣に悩んだ。

これまで、復讐に正義を見出《みいだ》す作品は多くあった。

それらは人の正義感を大きく揺るがす傑作であったが、本作では全く別の形で正しさとは何かを問われる。

令和の時代、罪の先に作者が綴った光の切《き》れ端《はし》は、多くの読者の記憶に残り、救いとなるだろう。

QUESTION

質問

自分、もしくは大切な人が
傷つけられた際、犯人に
同じだけの報復を望みますか？

A　望まず法に委ねる……58人

B　自ら手を下し、
同じ目に遭わせる……78人

C　どちらとも言えない……111人

青戸しの

第十回　藁にもすがる思い

歌野晶午
『首切り島の一夜』（講談社）

午前七時、焦燥感は薄れ、一冊の本を見つめる。
お昼から予定していた友達との約束を思い出し、がっくりと項垂《うなだ》れた。
今、横になってもどうせ眠れない。
ならば気が済むまで調べ上げてやろうとGoogleで検索をかける。
『首切り島の一夜』

めぼしい記事は見当たらず、断腸の思いで検索欄に「考察」と付け加えた。

壮年の男女と元教師が四十年ぶりに修学旅行を再現した同窓会を企画する。

行き先は濤海灘《とうかいなだ》に浮かぶ弥陀華島《みだかじま》。

宴席で久我陽一郎《くがよういちろう》は、当時自分たちの高校をモデルにミステリを書いていたと告白する。

その夜、宿泊先で久我が死体となって発見された。

荒天のため、船が運航できず、天候が回復するまで捜査員は来られない。

宿にとどまった七人は、一夜それぞれの思いにふける。


参加者の知られざる過去が明かされるたびに、期待が膨らんだ。

そして待望の結末。

それは気持ちがいいほどに砕《くだ》け散《ち》った。

パアンと確かに聞こえた音は、膨らんだ期待が割れる音ではなく、勢いよく本を閉じた音だ。

私は今、著者に問われている。

「真意を理解しているか？」と。

居眠りの最中、先生に名前を呼ばれた時の様な逃げ場のない焦りが全身を駆け巡る。

青戸しの

帯には「二度読み、三度読み必至!!」と書かれていたが、休むことなく読み返し、四度目でついに朝を迎えた。

結局、不眠で待ち合わせ場所に向かい開口一番、友人に四百ページを超える分厚い本を押し付け、縋《すが》った。

「お願いだから、これ読んで」

QUESTION

質問

『首切り島の一夜』を読んで、下記のうちどの程度謎が解けましたか？

A　著者が提示した真相のみ……26人

B　TORIKAIYUGOの正体等、いくつかの謎（推測を含む）……14人

C　著者の真意……6人

第十一回 謎と栄養素は多ければ多いほど良い

澤村伊智『予言の島』（KADOKAWA）

死ぬまで同じものしか食べられないとしたら、幕の内弁当とお子様ランチどちらにするか年に一度くらい悩む。

大体はお子様ランチが優勢だが、同じように小説に置き換えて考えると、その都度答えが変わる。

青戸しの

前回は『方舟』だったし、前々回は『十角館の殺人』だった。

単純な面白さに脱帽する以上に、生涯を共にできる〝栄養素の多い〟ミステリ小説を長い間、探し求めていた。


『予言の島』

かつて一世を風靡《ふうび》した霊能力者が、瀬戸内海に浮かぶ霧久井島《むくいじま》で「霊魂六つが冥府《めいふ》へ堕《お》つる」と予言し息を引き取った。彼女の死から二十年後、天宮淳《あまみやじゅん》は興味本位から幼馴染《おさななじみ》の春夫《はるお》と宗作《そうさく》と共に予言が指し示す日付に島を訪れる。

しかし宿泊予定の旅館は、怨霊《おんりょう》が下りてくるという意味不明な理由でキャンセルされ、その翌日春夫が遺体となって発見された。

予言の詩の通り次々と人が死んでいく中、島の秘密に迫る――。


遂《つい》に出会えた、生涯を共にできる一冊。

私がミステリ小説に求めるものの殆《ほとん》どが本作に収まっていた。

霊能力者が予言を残した孤島、そこに伝わる土俗、余所者《よそもの》を嫌う島民に、呪《のろ》いや霊視等《など》の非科学的な現象。ミステリの〝美味しい〟が全《すべ》て合わさり謎が複雑化していく。

しかし、それだけでは満足いかない。

完成された謎解きが霞《かす》んでみえる程、衝撃的な結末。

誰もが抱える「呪い」についての見解。

初読はミステリ、二度目はホラー。時が経《た》てば自戒の書として、この先も共に生きていくのだろう。

QUESTION

質問

生涯で一冊しか
小説が読めないとしたら
次のうちどれを選びますか?

A　現時点で一番気に入っている一冊……149人

B　ボリュームを重視した一冊……36人

C　人生で初めて面白いと感じた一冊……56人

D　上記以外……21人

MYSTERY
ISLAND

博　子

一九六四年、大分県生まれ。書評家。著書に『クリスティを読む！　ミステリの女王の名作入門講座』（東京創元社）、『読み出したら止まらない！　女子ミステリーマストリード１００』（日経文芸文庫）、『歴史・時代小説　縦横無尽の読みくらべガイド』（文春文庫）など。新聞・雑誌への寄稿のほか、カルチャーセンターでのアガサ・クリスティ講座講師やラジオ出演、トークイベントなど、名古屋を拠点に活動。

大　矢
竜
2
OYA Hiroko

大矢博子

第一回 亡骸の装飾の意味は?
排他的な島で起きる妖美な連続殺人

横溝正史
『獄門島』(KADOKAWA)

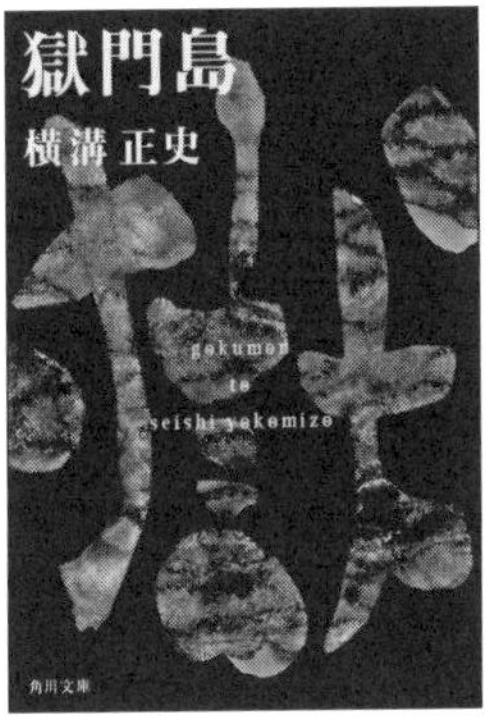

昭和二十一年、戦争から復員してきた金田一耕助《きんだいちこうすけ》は、戦友だった鬼頭千万太《きとうちまた》の故郷である瀬戸内海の獄門島《ごくもんとう》を訪れた。鬼頭は「おれがかえってやらないと、三人の妹たちが殺される」「おれの代わりに獄門島へ行ってくれ」という遺言を金田一に託したのだ。

獄門島の網元・鬼頭家は本家と分家で激しく対立しており、本家には千万太の三人の妹——

月代《つきよ》、雪枝《ゆきえ》、花子《はなこ》と、精神を病んで座敷牢《ざしきろう》に閉じ込められている父親がいた。そして千万太の通夜の夜、花子が姿を消す。島民たちの必死の捜索の末に発見された花子の遺体は、梅の古木に逆《さか》さ吊《づ》りにされていた。そのとき、金田一は和尚が呟《つぶや》くのを聞く。「気ちがいじゃが仕方がない」と――。

国産ミステリのオールタイムベストで必ず上位に入る、名作中の名作である。本書の特徴は連続して起きる殺人事件の遺体に施された奇怪な装飾にある。そこに込められた犯人の意図は何なのか。終戦直後という時代、古い因習に縛られた排他的な島という場所だからこその動機が、妖艶《ようえん》なまでの演出で読者に迫る。運命の皮肉による凄絶《せいぜつ》なまでの悲劇と、些細《ささい》な言葉ひとつたりともゆるがせにしない細部まで緻密《ちみつ》に組み立てられた本格ミステリの骨子が見事に融合した作品だ。

本書は『本陣殺人事件』に続く、金田一耕助が登場する二作目の長編。金田一耕助という名探偵を日本ミステリ史に刻み込んだ傑作である。これを読まずに金田一は語れないぞ！

QUESTION

質問

現代の金田一俳優たち。
あなたが犯人なら
誰と対決したい?

A	長谷川博己	112人
B	加藤シゲアキ	31人
C	池松壮亮	28人
D	吉岡秀隆	82人

第二回　殺人事件は撮影中？　孤島での恋愛リアリティーショー

中村あき『好きです、死んでください』（双葉社）

恋愛リアリティーショー「クローズド・カップル」の撮影が始まった。無人島のコテージに出演者六人が集まり、そこで起きる恋愛模様を収録するのだ。俳優やグラビアアイドルといった華やかな参加者の中に、なぜかキャスティングされてしまった地味なミステリ作家・小口《こぐち》栞《しおり》は戸惑いを隠せない。

大矢博子

序盤から早くも、人気女優の松浦花火《まつうらはなび》をめぐって恋の鞘当《さやあ》てが繰り広げられる。しかしその松浦が他殺死体で発見された。同時に電源が壊され、本土との通信手段も失ってしまう。島にいるのは他《ほか》の出演者五人と、プロデューサー、AD、カメラマンの三人だけ。この中に犯人がいる？　そして第二の事件が起きた――。

外界と隔絶《かくぜつ》された孤島での連続殺人という定番設定に、恋愛リアリティーショーの撮影を絡ませたのが本書の面白さ。リアリティーショーという設定ゆえに、登場人物の行動や言葉もどこまで信じられるかわからない。一方、撮影中だからこそ各所に定点カメラが設置されており、それで関係者の一部動向やアリバイが担保されるのも興味深い。撮影という特殊な環境を実にうまく仕掛けに取り入れており、まさにイマドキの孤島ものと言っていい。

だが本当に「イマドキ」なのはその先だ。なぜ著者はわざわざ孤島での恋愛リアリティーショーという設定にしたのか、その理由が最後にわかる。本当の犯人は誰なのか。読み終わった読者は自らに問いかけるだろう。実はかなり重い社会的テーマを孕《はら》んでいるのである。

QUESTION

質問

あなたが恋愛リアリティーショーに出たら?

A　好きな人に直球勝負！……29人

B　誰かが声をかけてくれるのを待つ……41人

C　自分の気持ちより番組の盛り上げを考える……26人

D　目立たず騒がずひっそりしていたい……159人

大矢博子

第三回　リゾートアイランドの怪しい三角関係にポアロが挑む！

アガサ・クリスティー『白昼の悪魔』（鳴海四郎訳、早川書房）

避暑地のリゾートホテルに不穏な気配が漂った。宿泊客である元女優のアリーナ・マーシャルが、同じく滞在中のパトリック・レッドファンを露骨に誘惑し始めたのだ。ともに既婚者で、家族を連れての滞在である。パトリックの妻・クリスチンが苦悩する一方で、アリーナの夫のケネスはなぜかあまり気にしていない様子。

そしてアリーナが死体で発見された。当然クリスチンが疑われたが、アリーナの遺産を相続するケネスや、継母を嫌っていたアリーナの継子の存在も無視できない。しかし容疑者たちには皆、鉄壁のアリバイがあった。

陽光溢《あふ》れるリゾートアイランド。しかし名探偵エルキュール・ポアロは言う。「日の下のいたるところに悪事ありです」

マザー・グースからとったタイトル、ホテルという閉鎖空間と〝全員容疑者〟という設定、リゾート地という旅情。クリスティーの得意技が惜しみなく投入された一作だ。特に三角関係の使い方に注目。読者の思い込みを逆手《さかて》にとる手腕こそ、クリスティーの真骨頂と言っていい。特に本書ではリゾートアイランドならではの小道具が果たす役割がテクニカルだ。

なお、舞台のモデルとなったのはデヴォン州にあるバー島。そこに建つホテルがほぼそのまま使われている。この島の裏手は断崖絶壁《だんがいぜっぺき》で、そちらは『そして誰もいなくなった』のモデルだ。同じ島の表と裏でまったく違う物語を創《つく》るあたり、なかなかに経済的ではないかクリスティー。

QUESTION

質問

クリスティーの三角関係ものでは
どれが好き?

A	白昼の悪魔	23人
B	ナイルに死す	109人
C	杉の柩	16人
D	ゼロ時間へ	9人

第四回　戦国時代の武将が孤島に集まり、そして誰もいなくなる……？

田中啓文『信長島の惨劇』（早川書房）

千街晶之さんは第一回で、クリスティーの『そして誰もいなくなった』が多くの後発作品を産んだことに触れている。しかしまさかクリスティーも、こんなシロモノが登場するとは予想だにしなかったろう。なんと舞台は戦国時代の日本である。

本能寺《ほんのうじ》の変で織田信長《おだのぶなが》が死に、山崎《やまざき》の戦いで敗れた明智光秀《あけちみつひで》が死んだあと、三河湾《みかわわん》の孤島に

四人の武将が集められた。羽柴秀吉《はしばひでよし》、柴田勝家《しばたかついえ》、高山右近《たかやまうこん》、徳川家康《とくがわいえやす》である。出迎えたのは千宗易《せんのそうえき》、明智光秀の娘の玉《たま》、信長の小姓だった森蘭丸《もりらんまる》と黒人の侍・弥助《やすけ》だ。彼らを呼び出したのは、なんと死んだはずの信長からの文だった。

そして最初の事件が起きる。この中のひとりが夕餉《ゆうげ》の席で酒を飲んだあと、苦しみ始めたかと思うとそのまま死んでしまったのだ。その死に方は京で流行っているわらべ歌そっくりで……。

そのまんま『そして誰もいなくなった』である。ご丁寧に「アガサ・クリスティーに」という献辞まである。捧《ささ》げられた方も困るだろう。

しかしこれが侮れない。ふざけているようでいて、かなり細部まで緻密に計算されているのだ。一見アンフェアに思えるかもしれない真相も、よく読むとちゃんと手がかりが出されている。さらにミステリ好きが思わずにやりとするような趣向まで用意されており、マニアをも唸《うな》らせる本格スピリットに満ちているのである。

歴史の使い方にも注目。本当にこんなことがあったとしても、その後の史実や伝承と矛盾が起きないようになっている。遊んでいるように見えて実はかなり緻密な作品なのだ。……いや、やっぱり遊んでるのかな？

QUESTION

質問

三英傑、あなたは誰が好き？

A　織田信長……141人

B　豊臣秀吉……29人

C　徳川家康……63人

○6○

大矢博子

第五回　幕末の「流人の島」で起きた歴史的事件

飯嶋和一
『狗賓《ぐひん》童子の島』（小学館）

ミステリ？　と訝《いぶか》ることなかれ。孤島がテーマと聞いて、この作品は絶対に入れたかったのだ。寡作だがそのすべてが傑作と名高い飯嶋和一の、その中でも最高傑作である。

舞台は幕末、隠岐の島後《どうご》という島だ。古くより流人の島と言われたこの地に大塩平八郎の乱に加わった豪農の息子、西村常太郎《にしむらじょうたろう》が流されてきた。父は逃亡中に死んだため、その罪を息

子が数えで十六歳という若年で担うことになり、九年に及ぶ親類預けの果ての「処罰」だったのだ。

前半は医術や稲作を学ぶ常太郎を通して、島後の人々の暮らしが細やかに描かれる。そして後半、物語は島民三千人が蜂起《ほうき》して松江藩の郡代を追放するという「隠岐騒動」へと傾《なだ》れ込《こ》む。

幕末の動乱といえば京や江戸、薩長の話が多いが、交通も情報入手もままならない隠岐の離島で人々がどう変わっていくのか、その変化をもたらしたものは何だったのか、その中で常太郎が選んだ道は何だったのかをじっくりお読みいただきたい。

実際に起きた事件の新たな一面を提示するものが歴史ミステリだとするなら、本書は紛《まぎ》れもなく「孤島」の「歴史ミステリ」だ。辺境から見た明治維新は、それまでの討幕小説とはまったく異なる印象を与えるはず。人の「役割」と「選択」を描く、圧巻の歴史小説である。ミステリ？　と首を傾《かし》げる前に読むがいいよ。絶対損はさせないから。ちなみに飯嶋作品でミステリ成分が濃いのは『神無き月十番目の夜』。こちらもオススメ！

QUESTION

質問

本格ミステリで読んでみたい
幕末の事件は?

A　桜田門外の変……64人

B　新選組の池田屋事件……51人

C　天狗党の乱……32人

D　坂本龍馬暗殺……95人

第六回　七世紀のアイルランド、孤島の僧院で何が起きた？

ピーター・トレメイン
「不吉なる僧院」（『修道女フィデルマの探求
修道女フィデルマ短編集』所収、甲斐萬里江訳、東京創元社）

モアン王国の王の娘にして法廷弁護士・裁判官の資格を持つ修道女フィデルマは、アイルランド西南部海岸の湾を小舟で渡っていた。群島の外れにあるクリアリー島の僧院に、大司教の書状を届けるためである。

ところが到着してみると、そこにあったのは木に縛り付けられた院長の無惨な死体だった。

大矢博子

さらに礼拝堂には若い修道士の死体があり、かろうじてまだ息のある執事が倒れていた。他の修道士たちはどこに行ったのか？　嵐《あらし》が近づき、時間が限られる中でフィデルマの叡智《えいち》が冴《さ》え渡《わた》る。

〈修道女フィデルマ〉シリーズの短編である。才色兼備でクールな若き修道女という、書きようによってはラノベやアニメにもなりそうな主人公がまず魅力的。小娘と侮る相手に身分を明かすくだりは実に痛快だ。だがキャラの魅力だけじゃない。何よりこのシリーズは七世紀のアイルランドの文化や風習が実に興味深いのである。科学技術はもちろん価値観や常識も現代とは異なる。だが人の心の営みは昔も今も変わらない。「不吉なる僧院」も七世紀の僧院のあり方を主軸に据えながらも、背景にある動機は現代にも通用するものであることに注目。

他に孤島モノとしては、古くからの因習が残る島で本土から訪れた修道女が不審死を遂げる「奇蹟ゆえの死」（『修道女フィデルマの洞察　修道女フィデルマ短編集』所収）もある。あわせてどうぞ。

QUESTION

質問

アイルランドといえば？

A	ウィスキーやギネス	80人
B	ケルトの音楽や文化	129人
C	独立戦争やIRA	31人
D	それ、どこ？	6人

大矢博子

第七回　進化論のダーウィンがガラパゴスでの殺人事件に挑む！

柳広司
『はじまりの島』（幻冬舎）

一八三五年、イギリス船ビーグル号が、ガラパゴス諸島を訪れた。奇妙な動物たちが暮らすその島に降り立ったのは、艦長をはじめ宣教師や画家、コック、下働きのフエゴ・インディアンの少年たち、そして若き博物学者チャールズ・ダーウィンなど総勢十一名。彼らはビーグル号が補給を終えて戻ってくるまで、この島に滞在することになる。

しかし到着後いきなり出会ったアメリカの捕鯨船員から、この島には殺人鬼が潜伏しているという噂を聞く。直後に見つかる白骨死体と奇妙な足跡。そして翌朝、ビーグル号のメンバーのひとりが絞殺死体で発見されて――。

ダーウィンの進化論がガラパゴスでの知見に端を発することは有名だ。本書はその歴史的な発見の最中に殺人事件が起き、ダーウィンが探偵役として解決するという設定である。これがまあ、ガチガチの本格！　もしも十九世紀だのダーウィンだのという設定に小難しさを感じる人がいるなら、それは杞憂《きゆう》だと言っておこう。本格ミステリのギミックが惜しげもなく注ぎ込《つ　こ》まれた、実にエレガントな謎解きが堪能できる。のみならず、人の営みが生み出す滑稽《こっけい》さや切なさといったドラマ性もたっぷり味わえるのだ。

もちろん進化論も無関係ではない。むしろ大事。柳広司は他にもソクラテスやシュリーマンなど歴史上の人物を探偵にしたミステリを発表しているが、いずれも「その人であること」が物語に深くかかわってくる。謎解きと進化論がどう結びつくのかに注目せよ！

QUESTION

質問

歴史上の人物を
本格ミステリの探偵にするなら?

A　トーマス・エジソン……29人

B　ガリレオ・ガリレイ……89人

C　マリー・キュリー……54人

D　アルベルト・アインシュタイン……79人

第八回　まさに離れ業のトリックと、人間模様のサスペンスに注目！

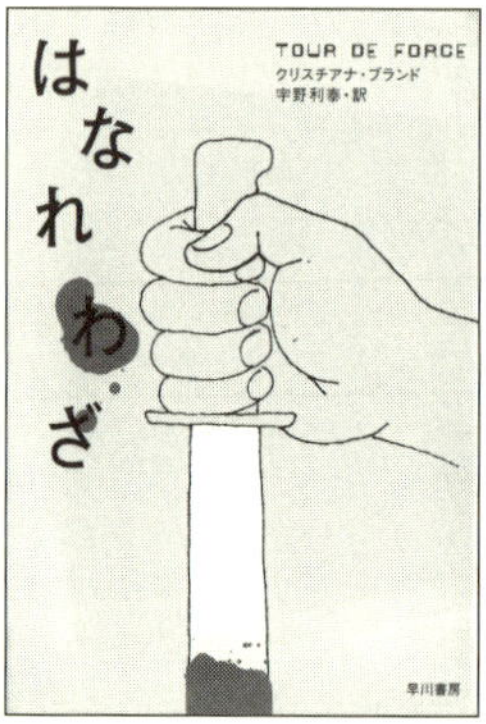

クリスチアナ・ブランド
『はなれわざ』（宇野利泰訳、早川書房）

スコットランド・ヤードのコックリル警部は、休暇を使ってイタリア周遊ツアーに参加した。他の旅行客はデザイナーや小説家、隻腕の元ピアニストとその妻、お金持ちらしいのにおどおどしている女性、妙に調子のいいガイドなどクセのある人物ばかり。そして一行がサン・ホアン・エル・ピラータという島に滞在したとき、事件が起きた。旅行

大矢博子

者のひとりがホテルの部屋で死体で発見されたのだ。そのとき、コックリル警部を含めた他のメンバーは皆、ビーチにいた。誰も殺害の機会はなかったはずなのに……。

　刊行は一九五五年、『緑は危険』『ジェゼベルの死』などに並ぶブランドの代表作にしてコックリル警部シリーズの一作だ。

　真犯人が弄《ろう》したトリックはまさにタイトル通りの離れ業でサプライズは充分。だが本書の魅力は真相のみにあらず、そこにたどり着くまでの心理劇が面白い。旅行客の間に芽生《めば》える恋愛や、真相はどうでもいいから犯人としてひとり差し出せと強権を発動する現地の施政者（サン・ホアン・エル・ピラータは独立国という設定）。多重解決モノのように、メンバーがひとりずつ順に容疑者になっていく。誰かが容疑者になれば誰かが庇《かば》ったり、警察が犯人を決めるとその人物の潔白を証明しようと他のメンバーが結託したりという人間模様も読みどころ。その中に真犯人がいるはずなのに！

　七十年前のイギリスの文化にも注目だ。髪を染めるのに卵黄を使うのには驚いた。しかも取説に「臭《にお》いは我慢しろ」って。マジか。

QUESTION

質問

作中に出てくる当時のファッション。
ひとつだけ試すなら？

A　染料に卵黄を混ぜて染髪……5人

B　つけまつげを卵白で接着……2人

C　テーブルクロスをショールに……99人

D　紙製の帽子……104人

大矢博子

第九回　孤島の結婚式に集まる招待客。殺されるのは誰？

ルーシー・フォーリー『ゲストリスト』（唐木田みゆき訳、早川書房）

アイルランド沖の孤島で、テレビスターとウェブ雑誌の創設者という今をときめく二人のウエディングパーティーが行われる。特に親しい人々は前日入りして旧交を温めた。しかし新郎新婦や参加者たちにはそれぞれ何か思うところがあるらしく、不穏な雰囲気も見え隠れする。

そしてパーティーの最中、孤島を嵐が襲う。会場では停電が起き、雇われたウェイトレスが

外で死体を見たと言い出した。新郎の友人たちがそれを確かめに嵐の中に出ていくが……。いったい死んでいるのは誰なのか？　そして何が起きたのか？

なんとサスペンスフルなミステリだろう。死体があるというのは序盤に明かされるのだが、物語は前日、当日、現在を行き来しながら進むため、終盤まで被害者が誰だかわからない。この時系列の交錯が上手《うま》い。ページをめくるのをやめられなくなる。何か起きそうなのに何が起きるのかわからない焦《じ》れったさときたら！

新郎、新婦、新婦の妹、新婦の男友達の妻、新郎の友人、そしてウェディング・プランナーが順繰りに視点人物となって前日からの様子が綴られるうちに、それぞれが抱えたものが少しずつ露《あら》わになっていく。個々のエピソードはそれぞれドラマティックかつ思わせぶりで引き込まれるが、終盤にそれらが大きく動き、まさかまさかの展開が待ち受けるのだ。わかってみれば最初から仄《ほの》めかされていたことに気づき、愕然《がくぜん》とした。いやあ、やられた。

それにしても新郎の学友たちときたら、ホモソーシャルの悪いところを煮詰めたような描写が実に秀逸。友人の結婚式に参加する皆さん、くれぐれも彼らのようなことはしないようご注意あれ。

QUESTION

質問

読んだことのある、もしくは
読んでみたい結婚式ミステリは?

A　青柳碧人『スカイツリーの花嫁花婿』……14人

B　辻真先『本格・結婚殺人事件』……41人

C　辻村深月『本日は大安なり』……57人

D　乃南アサ『6月19日の花嫁』……9人

E　複数……32人

F　全部……32人

第十回　一夜にして誕生した島に隠された秘密とは？

森　博嗣
『迷宮百年の睡魔　LABYRINTH IN ARM OF MORPHEUS』（講談社）

エンジニアリング・ライタのサエバ・ミチルはウォーカロン（自律型ヒューマノイド）のロイディとともに伝説の島、イル・サン・ジャックを訪れた。周囲の森が一夜にして海と化したという不思議な歴史を持つ島だ。百年の間、メディアをシャットアウトしてきたこの島の宮殿が、なぜかミチルには取材許可を出した。だが、島の中心にある宮殿をミチルが訪れたとき、

大矢博子

首を切られた僧侶《そうりょ》の死体が発見される……。

『女王の百年密室　GOD SAVE THE QUEEN』に続く、約百年後の未来を舞台にしたＳＦミステリィである。島のモデルになったのはフランスの世界遺産、モン・サン・ミシェルとのこと。

殺人事件の謎解きもさることながら、本書の主眼はこの島自体の持つ謎にある。島内はまるで迷路のようで、なぜかロイディの座標システムが機能しない。この島に暮らす人々もどこかおかしい。島で暮らす人々の中で島外出身者はたった四人しかいないという。何より、なぜミチルにだけ取材許可が出たのか。これらの謎が解けたとき、物語は人間を人間たらしめているものは何かという大きなテーマを炙《あぶ》り出《だ》すのだ。殺人事件の犯人を探していたはずが、そんなところに行き着くとは！

なお、事件と謎解きは本書単独で成立しているが、前作のストーリーを前提として話が進むので、できればシリーズを順に読むことをお薦めする。ロイディの会話機能が前作より格段にアップしているのも楽しめるぞ。

QUESTION

質問

ミステリの舞台にしてほしい
日本の世界遺産は?

A　屋久島……82人

B　姫路城……48人

C　白川郷・五箇山の合掌造り集落……87人

D　富士山……34人

大矢博子

第十一回　島で開催される古典劇。主演女優に魔の手が迫る。

P・D・ジェイムズ『皮膚の下の頭蓋骨』（小泉喜美子、早川書房）

私立探偵のコーデリア・グレイは、頻繁に届く脅迫状に怯《おび》える女優クラリッサの警護と犯人探しを依頼される。クラリッサはコーシイ島での古典劇に客演するとのことで、コーデリアは秘書という設定で島に同行することになった。

島に集まったのは島の持ち主をはじめ、クラリッサの夫、義理の息子やお金に困っている

従姉妹《いとこ》、元愛人の劇評家、クラリッサの付き人や使用人などなど。そんな中、やはり脅迫状が届けられた。この中に犯人がいる。そしてついに殺人が……。

現地に向かう前に関係者の現状が順に描かれるという構造はアガサ・クリスティーの『そして誰もいなくなった』や『ナイルに死す』を思わせる。ただし不気味さは二倍増し。コーシイ島自体の悲惨な歴史、残酷な殺人事件の伝説が残る洞窟《どうくつ》、子供の手首を模《も》した彫刻といった舞台や小道具がいちいち不気味だし、そこかしこに古典劇の言葉が引用されるのも雰囲気作りに一役買っている。さらに、普段本音の見えない人がふとした時に見せる感情描写も印象深い。ミステリ自体は王道のフーダニットだが、人の無自覚な悪意や残酷さを描いた物語としても圧巻だ。

初登場作『女には向かない職業』ではまだ「健気《けなげ》」の尻尾《しっぽ》をつけていたコーデリアだが、助手を雇うまでに成長しているのも読みどころ（ただし依頼は猫探しなどが多いようだが）。もっと彼女の活躍を読みたいが、この二作しかないのが残念。

QUESTION

質問

あなたの好きな
「女性私立探偵」は?

A　コーデリア・グレイ……37人

B　V・I・ウォーショースキー……22人

C　リディア・チン……3人

D　葉村晶……65人

大地

一九七二年、大阪府生まれ。学習院大学文学部在学中の一九九四年、東京創元社主催の第一回創元推理評論賞に投じた「明智小五郎の黄昏」が佳作入選。以後、各誌紙で本格ミステリーの批評・書評をメインに執筆活動を続けるほか、ミステリー系の賞の選考にも多く携わる。著書に『謎解き名作ミステリ講座』（講談社）、『トラベル・ミステリー聖地巡礼』（双葉文庫）、『新本格ミステリを識るための１００冊』（星海社新書）など。

MYSTERY
ISLAND
佳多山
虎
44
KATAYAMA Daichi

佳多山大地

第一回　孤島発、新本格ムーブメント行き

綾辻行人
『十角館の殺人〈新装改訂版〉』
（講談社）

どうもです。メフィストリーダーズクラブ（ＭＲＣ）が開設した新企画、ミステリーアイランドに執筆参加することになった佳多山大地です。これから海上の島を主要舞台にしたミステリー作品ばかり紹介していくわけですが……僕の担当分として〝指名獲得〟した十一作品のうち、どれを初回で取り上げるべきかについて迷いの生じる余地はありません。まずは、自分以外の執筆メンバーも含め、この企画の趣旨から書名だけでもたびたび引用されることが見込ま

れる『十角館の殺人』（一九八七年）を。

大分県はS半島J崎の沖合に浮かぶ、角島《つのじま》。いまも未解決の四重殺人事件が昨夏に発生したその小さな島を、地元K＊＊大学推理小説《ミステリ》研究会に属する七人の男女が訪れたとき、ふたたびそこは惨劇の舞台と化す。なぜなら、上陸したメンバーの中に〝友人の顔をした殺人計画者〟が潜んでいたからだ……。

現在流通する講談社文庫・新装改訂版だと、終盤四〇二ページを開いてすぐ目に飛び込んでくる、ある登場人物のひと言！　あの瞬間の、めくるめく驚きの強度が、〈謎と推理〉を骨子とする本格ミステリー復興の新時代の扉を押し開いたといえます。

そんな『十角館の殺人』の実写映像化のニュースが、只今《ただいま》ミステリー界をざわつかせていますね。今年（二〇二四年）三月二十二日からHulu《フールー》で独占配信されるとのことで――いったいあの映像化不可能なはずのメイントリックがどうなるものか楽しみに待ちましょう！

QUESTION

質問

あなたが初めて手に取った
綾辻作品は、
どのシリーズの一冊？

A　『十角館の殺人』に始まる
〈館シリーズ〉……305人

B　『Another』に始まる
〈Anotherシリーズ〉……32人

C　『殺人鬼』に始まる
〈殺人鬼シリーズ〉……6人

D　その他
（ノンシリーズ作品含む）…14人

第二回　十角館はいかに改装されたか？

王元
『君のために鐘は鳴る』
（玉田誠訳、文藝春秋）

こんにちは。MRCミステリーアイランドの執筆陣の一角を担う佳多山大地です。前代未聞の〈孤島ドラフト会議〉で指名獲得した十一作品のうち、前回（第一回）の『十角館の殺人』に続いて取り上げるべきは……本の帯に「これぞ21世紀の『十角館』だ！」という売り文句が躍る『君のために鐘は鳴る』でしょう。

同作の著者、王元さんは中国系マレーシア人女性。中国語（華文）で書かれた本格ミステリ

佳多山大地

ー長編を応募対象とする文学賞、島田荘司賞の第七回（二〇二一年）受賞作です。

最愛の妻の死にショックを受け、断筆を宣言したミステリー作家の「私」こと周云生《ジョウユンション》。そんな「私」は、ある日の午後めざめると、見知らぬ島の桟橋に横たわっていた。すると間もなくその島に、デジタル・デトックスを目的とする一行が船でやって来たのだが——なぜか上陸者の誰一人、「私」の姿も声も認識してくれないのだ。幽霊みたいな「私」は、やがて発生する連続殺人事件の目撃者となる！

デジタル・デトックスのため、孤島へ。という設定が、まさに二十一世紀的ですね。偉大なるアガサ・クリスティーが物した孤島ミステリーの金字塔『そして誰もいなくなった』（一九三九年）に敬意を払い、くだんの名作に触れている読者ならなおいっそう騙《だま》されやすく改装したのが綾辻行人さんの『十角館の殺人』（一九八七年）でした。そしてさらに王元さんは、すこぶる家族愛が強い意外な語り手を起用して、栄えある改装のバトンを未来につなげたのです。

QUESTION

質問

あなたが初めて手に取った
華文ミステリーは、
どの作品でしたか？

A　藍霄『錯誤配置』
※島田荘司選〈アジア本格リーグ〉の一冊……2人

B　寵物先生『虛擬街頭漂流記』
※第1回島田荘司賞受賞作
……8人

C　陳浩基の作品
（『世界を売った男』や
『13・67』など）……25人

D　その他（まだ華文ミステリーに手をのばしたことがない人も含む）……191人

佳多山大地

第三回　最少人数かつ最年少の上陸者たち

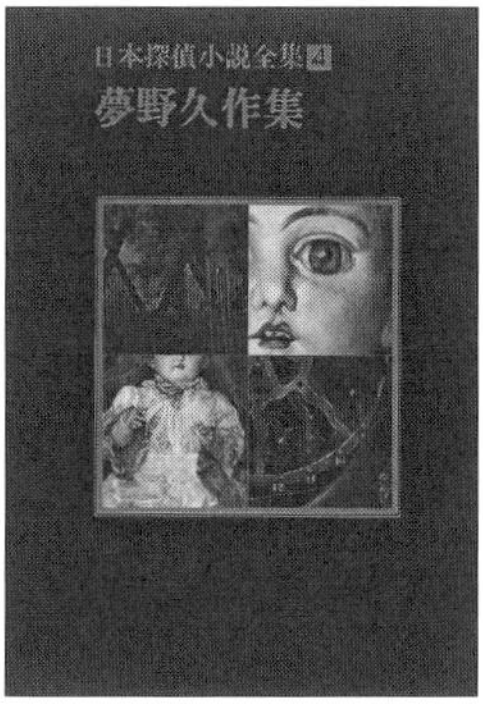

夢野久作
「瓶詰地獄」
（『日本探偵小説全集〈４〉夢野久作集』所収、東京創元社）

こんにちは。ミステリーアイランドの執筆メンバーの一人、佳多山大地です。これより向こう三回（第三回から第五回）は、あるテーマと深く結びついた孤島ミステリーを紹介していきます。もったいぶらずに明かすそのテーマとは、ずばり〈狂気〉。そう、島という閉ざされた場所は、罪や孤独の重みに耐えきれない人の心と〝よく似合う〟のです。

そこでまず押さえておきたいのが、夢野久作の代表的短編のひとつ「瓶詰地獄」。もともと

「瓶詰の地獄」のタイトルで、関西発の探偵小説雑誌「猟奇」一九二八年十月号に掲載された作品ですね。「の」の一字を取った改題のほうが、狭いうえ逃れようのない〈地獄〉の雰囲気がより強まっている感じ。

見える、船が見える！　甲板の上には、懐かしいお父様とお母様の姿も！　私、市川太郎《いちかわたろう》と妹のアヤ子《こ》が、この離れ小島にふたりきり漂着してからもう十年くらい。とうとう救いの船が来てくれたのに――ああ、すみません、すみません。私たち兄妹《きょうだい》は、助けられるまえに死を選ばなければいけないのです……。

無人島に漂着したとき、太郎は十一歳、アヤ子はまだ七歳。飲み水にも食物にも恵まれた楽園の島は、しかしいずれ兄妹にとって予想だにしない〈地獄〉と化します。救いの船は、ホントウにやって来たのでしょうか？　それは、両親のもとに届くかもしれないのにあんな内容の、告白文を波にあずける兄の精神状態にも注意を向けながら読み解くべきだと。

QUESTION

質問

あなたが初めて手に取った
〝四大奇書〟は、
どの作品でしたか?

A　夢野久作
『ドグラ・マグラ』……107人

B　小栗虫太郎
『黒死館殺人事件』……40人

C　中井英夫
『虚無への供物』……54人

D　竹本健治
『匣の中の失楽』……33人

第四回　ワースト・ラブ・トライアングル

泡坂妻夫
『迷蝶の島』（河出書房新社）

こんにちは。毎度おなじみ、ミステリーアイランドの時間です。前回（第三回）から引き続き、〈狂気〉と深く結びついた孤島ミステリーを紹介することにしましょう。

ついに絶海の孤島に行き着くかはさておき、大海原を進むボートやクルーザーの上は、もうすでに〈孤島〉と等しい舞台といえます。しかも船上にふたりきりなら、そこは殺人現場になりがち。男女の三角関係がもつれると、これほど恐ろしい結果を生むのだと高校生のとき学ん

佳多山大地

だ泡坂妻夫さんの『迷蝶の島』も、決戦は洋上の船で始まったのでした。

波間にただよう救命ボートに、生存者一名。まぐろ漁船に運よく救出された女性、磯貝トキコは、年下の恋人である大学生とクルーザーで八丈島に向かっていた途中、突然の荒天に見舞われ、船は沈没してしまった、と証言する。ところがのちに大学生の骸《むくろ》は、無人の火山島に生《は》える一本松の枝からロープで逆さ吊りにされた状態で見つかって……。

望ましい相手と将来を誓う仲になった大学生の「おれ」は、邪魔者のトキコを葬り去る必要に迫られます。殺しの舞台は、周囲に人の目のない海の上で。しかし、そんな「おれ」の害意を察したトキコは、裏切り者の彼を〈狂い死に〉させずにはおかないのですよ。

クルーザーの船上と、さらに漂着した無人島を舞台に繰り広げられる、ひと組の男女の残酷な頭脳戦こそ見もの！　怪奇幻想味にあふれ、サスペンスも満点の逸品《いっぴん》です。

QUESTION

質問

あなたが初めて読んだ
泡坂ミステリーは、
どのシリーズの作品？

A 「DL2号機事件」に始まる
〈亜愛一郎シリーズ〉……53人

B 「天井のとらんぷ」に始まる
〈曾我佳城シリーズ〉……22人

C 「王たちの恵み」に始まる
〈ヨギ ガンジーシリーズ〉
……10人

D その他
（ノンシリーズ作品含む）…81人

佳多山大地

第五回　いつも心にシャッターを？

デニス・ルヘイン『シャッター・アイランド』
（加賀山卓朗訳、早川書房）

こんにちは。毎度おなじみ、ミステリーアイランドの時間です。前々回（第三回）からお送りしているのは、〈狂気〉をテーマにした孤島ミステリーの紹介。その掉尾《ちょうび》を飾るにふさわしい作品が、アメリカ人作家デニス・ルヘインの『シャッター・アイランド』（原著の刊行も邦訳紹介されたのも二〇〇三年）です。

当時ルヘインは、『スコッチに涙を託して』（一九九四年）に始まる〈探偵パトリック＆アン

ジー〉シリーズで人気を博し、クリント・イーストウッド監督により映画化されたノンシリーズ作品『ミスティック・リバー』（二〇〇一年）でますます令名を高めていました。現代ハードボイルド／犯罪小説の旗手として確固たる地位を築きつつあったところ……出版業界誌のインタビューに「悪評を期待しているんだ」と言い放つ異色作を差し出してきたのです。

アメリカはボストン港の沖合に浮かぶ、シャッター島。精神を病んだ犯罪者のための病院が建つその島から、一人の女性患者が姿を消した。外から鍵の掛かった独房内に「4の法則」と題する不可解な暗号文を残し、多くの監視の目をまんまとくぐり抜けて……。

物語の主人公は、捜査のためシャッター島に派遣された連邦保安官テディ・ダニエルズ。じつはテディの妻を殺した放火魔が島の病院に収容されているらしく、ひそかに保安官は憎き相手と接触を図ろうとしていたのです、けれど――。人の心を救うのは良くも悪くも〈物語〉なのかもしれないと思わせる悲痛な物語です。

QUESTION

質問

あなたが初めて出会った
〝正統ハードボイルド御三家〟
は誰？

A　ダシール・ハメット……9人

B　レイモンド・チャンドラー……76人

C　ロス・マクドナルド……8人

D　御三家の誰の作品にも手をのばしたことがない……119人

第六回　アイヌの名探偵・若杉徹、南へ

西村京太郎『ハイビスカス殺人事件』（講談社）

こんにちは。毎度おなじみ、ミステリーアイランドの時間です。これより二回（第六回と第七回）は、それぞれ社会派テーマに真っ向から取り組んだ孤島ミステリーを紹介していきます。

ジャーナリスティックな問題提起の意図を込めた孤島ミステリーといえば、真っ先に思い浮かぶのが西村京太郎さんの『ハイビスカス殺人事件』。一九七二年の四月に同作が発表された

佳多山大地

とき、物語の主要舞台である鹿児島県最南端の島、与論島で観光船を操る船頭さんの、「沖縄は、まだ外国だからねえ」という嘆きはまだ事実そのとおりでした。

一九七一年夏、民族学者の若杉徹は初めて与論島に降り立った。大学の教え子である大河内《おおこうち》亜矢子《あやこ》を、東京の親もとへ連れ戻すために。だが、亜矢子が属する若者グループと接触しようとしたところ、後頭部に一撃を喰《く》らい失神！　同日夜、東京都下で何者かに殺害された亜矢子の父親の傍《かたわ》らには、若杉が与論島でもつけていた腕時計が落ちていて……。

あらゆる交通手段を考慮しても、与論島と東京とのあいだに立ちはだかる〝時間の壁〟は厚い。若杉はもとより、気を失った彼から腕時計を盗んだ人物も、亜矢子の父親を殺せはしないはず、ですが——。アリバイ崩しの鍵となるのは、ずばり沖縄返還前という時代背景そのものといえるでしょう。ぜひ姉妹編『殺人者はオーロラを見た』とセットで、アイヌの誇り高い名探偵の奮闘ぶりを追いかけてほしい。

QUESTION

質問

あなたが初めて手に取った
西村作品は、
どのシリーズの一冊？

A　『名探偵なんか怖くない』
に始まる〈名探偵シリーズ〉
……29人

B　『赤い帆船《クルーザー》』に始まる
〈十津川警部シリーズ〉…116人

C　『消えた巨人軍《ジャイアンツ》』に始まる
〈左文字進シリーズ〉……2人

D　その他
（ノンシリーズ作品含む）
……42人

佳多山大地

第七回　僕らの島は閉鎖されているか

結城真一郎
「#拡散希望」
（『#真相をお話しします』所収、新潮社）

こんにちは。毎度おなじみ、ミステリーアイランドの時間です。前回（第六回）に続き、重大な社会問題と切り結んだ孤島ミステリーを紹介することにしましょう。

熱心なミステリーファンには周知のとおり、歴史と権威ある日本推理作家協会賞は、とりわけ短編部門の選考に厳しい。受賞作なし、で決着した年がこんなにも多い文学賞（の一部門）はむしろ貴重と言うべきでしょうか。その難関をくぐり抜けた受賞作のなかでも近年ピカ一と

太鼓判を押したいのが、結城真一郎さんの「#拡散希望」です。

長崎駅前の路上で、二十代の男性が刺殺される事件が発生！　モヒカン頭の被害者男性は、炎上系のネタ動画を投稿することでそれなりに有名なユーチューバーだった。事件当日、被害者男性は長崎市の西の沖合八十キロに位置する匁島《もんめじま》に渡り、島民の小学生らに不審な声がけをしていたらしく……。

物語の主人公は、匁島で暮らす小学六年生の「僕」。姓は渡辺《わたなべ》、名はキラキラがやや過ぎる珠穆朗瑪《ちょもらんま》。教育熱心な両親のもと、島民百五十人ほどの小さな島でのびのびと育ってきたチョモ少年だけれど――ついに彼は自分を取り巻く違和感の真実に気づいてしまうのです！　子供に人気の職業ランキングの上位にユーチューバーが食い込んでくる今の時代を反映した、異色の〈恐るべき子供たち《アンファンテリブル》〉物。読み終えて、久々にカラダが震えた一編です。

QUESTION

質問

あなたは、どれで初めて
「#拡散希望」を読みましたか?

A　初出誌「小説新潮」
2020年2月号……6人

B　日本推理作家協会編『推理小説年鑑　ザ・ベストミステリーズ2021』またはその文庫版
……9人

C　単著『#真相をお話しします』または新潮社サイト内の〝試し読み〟一編全文公開
……61人

D　まだ読んでなかった……156人

第八回　たぶん日本一もじられたタイトル

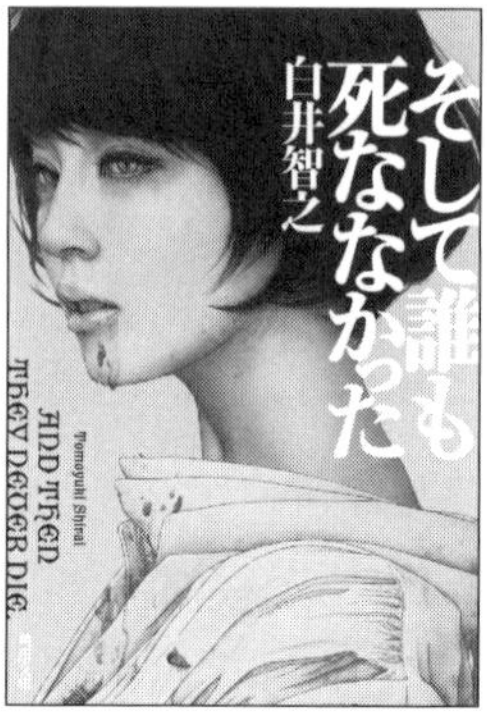

白井智之
『そして誰も死ななかった』
（KADOKAWA）

こんにちは。毎度おなじみ、ミステリーアイランドの時間です。これより二回（第八回と第九回）は、孤島を舞台にした特殊設定ミステリーを紹介していきます。まあ、そもそも孤島自体が非日常の〈特殊設定〉じゃないかという話もありますけどね。

皆さんご存じ、孤島ミステリーの代名詞的作品と言っていいのがアガサ・クリスティーの『そして誰もいなくなった』。なんとも魅惑的なこの邦題は、これまで多くの日本人作家にもじ

佳多山大地

られてきましたが――なかでも白井智之さんの『そして誰も死ななかった』は底抜けに秀逸！　タイトルを見ただけで、もうニヤニヤしてしまいます。

絶海の孤島、条島《さなだ》に上陸した五人のミステリー作家。しかし、その島に建つ洋館に、カルト的な人気を誇る招待主の覆面作家の姿はなかった。彼ら上陸者のなかに〝裏切りの殺人者〟は潜んでおり、次々と同朋《どうぼう》の作家に無惨な死を与えてゆく……。

本家クリスティーの『そして誰もいなくなった』と同様、島に上陸した者たちは一人残らず死亡します。けれどその事態が物語の終盤に到《いた》って起こるクリスティー作品と異なり、白井作品の場合は四割くらい進んだあたりでそうなっちゃう。――でも、ご安心を。上陸者全員の鼓動が止まったことが確認されたとき、前代未聞の犯人当て《フーダニット》がついに開幕するのです。誰も死ななかった（!?）ミステリー作家たちが繰り広げる推理合戦から目が離せません。

QUESTION

質問

あなたが初めて出会った
クリスティー作品（小説に限らない）
はどれ?

A　『アクロイド殺し』……23人

B　『オリエント急行の殺人』……94人

C　『そして誰もいなくなった』……147人

D　その他……46人

佳多山大地

第九回　われらは宇宙の孤児ではない？

方丈貴恵『孤島の来訪者』（東京創元社）

こんにちは。毎度おなじみ、ミステリーアイランドの時間です。前回（第八回）に続き、孤島を舞台にした特殊設定ミステリーを紹介することにしましょう。

ところで前回から、さらりと「特殊設定ミステリー」なる用語を持ち出してしまいました。これを念のため説明しておくと――〝謎とその解明〟を骨子とする「本格ミステリー」のなかでも、われわれの日常の現実とは異なる要素が謎解きの前提《ルール》として導入された作品群を指すも

の、ですね。あるいは物語の〈背景〉が、そもそも成り立ちのちがう異世界だったりすることも。方丈貴恵さんの『孤島の来訪者』は、作品の舞台こそわれわれの現実世界と地続きですが、そこにトンデモナイ何かが侵入してくるのです。

鹿児島県の南方の海上にぽつんと浮かぶ、幽世島《かくりよじま》。かつて、十二人の島民全員が〝正体不明の獣〟に襲われ殺害されたかに見える大量殺人事件が発生した島だ。今は無人の幽世島にテレビのロケ隊が上陸したとき、ふたたび惨劇の幕が上がる……！

幽世島に一定期間ごとに出現するのは——な、なんと、地球侵略を企《たくら》む宇宙生物だというこ とまでは明かしていいでしょう。上陸したロケ隊のメンバーは、とても現実のものとは思えない宇宙生物を〝論理的に〟受け入れたうえ、さらに侵略者が持つ特殊能力の限界《ルール》を見定めながら対決しなければなりません。どうかあなたも、われらが地球を救うために一読を！

QUESTION

質問

あなたが初めて手に取った
特殊設定ミステリーは、
誰の作品？

A　山口雅也（『生ける屍の死』など）……36人

B　西澤保彦（『人格転移の殺人』など）……34人

C　綾辻行人（『Another』など）……133人

D　その他の作家……75人

第十回　そして一人しかいなくなった？

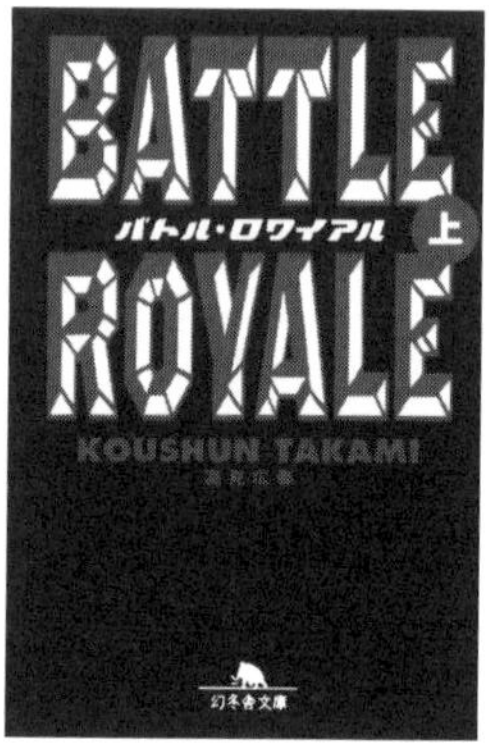

高見広春『バトル・ロワイアル』（上下巻、幻冬舎）

こんにちは。毎度おなじみ、ミステリーアイランドの時間です。これより二回（第十回と最終第十一回）は、孤島を舞台にしたデスゲーム物のミステリーを紹介していきます。

いわゆるデスゲームとは、複数の登場人物が一ヵ所に隔離され、そこで何らかの目的達成のため参加を余儀なくされる命がけの競技のこと、ですね。今や小説にとどまらず、広く創作ジャンルのひとつとして認められるデスゲーム物の流行に先鞭《せんべん》をつけたのが、異世界の日本を舞

佳多山大地

台にした高見広春さんの大作『バトル・ロワイアル』(一九九九年)でした。

東洋の全体主義国家、大東亜共和国。その国では毎年、全国の中学校から任意に三年生の五十クラスを選び、各クラス最後の一人になるまで「戦闘実験」を行う、一種の徴兵制が敷かれていた。不幸にも今年の対象となった一クラス、香川県城岩《しろいわ》町立城岩中学校三年B組の男女四十二名は、瀬戸内海に浮かぶ沖木島《おきしま》に全員連行され、昨日の友と今日は殺し合いをするよう命じられる……!

第五回日本ホラー小説大賞に投じられ最終候補に残るも、「こういうことを考えるこの作者自体が嫌い」(林真理子氏)など選考委員全員の不評を買って受賞を逃したのも〝今や伝説〟です。中学生同士の本物の血が流れるサバイバル・ゲーム、という設定の悪趣味さだけに目を奪われるべきではありません。〈大人=社会〉に様々なカタチで抵抗する若者たちの姿を印象的に描き出し、青春小説として強い輝きを放っているのですから。

QUESTION

質問

あなたは、どれで初めて
『バトロワ』と出会いましたか？

A　高見広春の手になる小説版……67人

B　深作欣二が監督した映画版……84人

C　田口雅之が作画した漫画版……7人

D　まだ出会ってなかった……78人

佳多山大地

第十一回　孤島なる盤面で敵と対峙する

貴志祐介『ダークゾーン』（上下巻、KADOKAWA）

こんにちは。いよいよ最後となります、ミステリーアイランドの時間です。前回（第十回）に続き、孤島を舞台にしたデスゲーム物のミステリーを紹介することにしましょう。

ところで、たぶんですが、実在する日本の島でミステリーの舞台に最も選ばれているのは、長崎県の端島《はしま》、通称「軍艦島」のような。軍艦島が舞台だと明かすことがネタばらしになる作品を除いても、皆川博子さんの怪奇幻想味あふれる『聖女の島』に内田康夫さんの〈浅見光彦《あさみみつひこ》

シリーズ〉屈指の巨編『棄霊島』、大沢在昌さんが吉川英治文学賞受賞の栄冠を得た警察小説『海と月の迷路』等々。貴志祐介さんのデスゲーム物『ダークゾーン』の舞台もまた。

将棋のプロを目指す塚田《つかだ》青年はなぜか「赤の王将《キング》」として目覚めると、自身を含む十八体の駒《こま》（特殊能力を持つ怪物たち）を動かし、「青の王将《キング》」と化したプロ棋士志望のライバルが率いる軍勢と七番勝負で対決することを強《し》いられる。戦闘の舞台は、軍艦島そっくりの異次元空間だ……！

主人公の塚田にとって、持ち駒はただの駒ではありません。大切な恋人や友人知人が怪物と化して、王将たる自分の作戦指示を待っているのです。七番勝負に負け越せば、おそらく全員消滅……。赤と青、両陣営の激突はしばしば陰惨な様相を呈《てい》しますが、まるで将棋めく頭脳戦の面白さこそ前面に押し出されています。それにそもそも、なぜこんな不条理な状況に追い込まれたかの現実の謎も見逃せません。

QUESTION

質問

もし同様の書評企画が
配信されるとしたら、
あなたが望むのは?

A　ミステリーオリンピック
(スポーツが主題のミステリー)
……27人

B　シン・ミステリースクール
(学園ミステリー)……61人

C　ミステリーハウス
(いわゆる館物)……131人

D　ミステリーパスポート
(外国が舞台、または来日外国人が主役級のミステリー)
……20人

之

晶

一九七〇年、北海道生まれ。一九九五年、「終わらない伝言ゲーム――ゴシック・ミステリの系譜」で第二回創元推理評論賞を受賞してデビュー。『水面の星座　水底の宝石』（光文社）で第四回本格ミステリ大賞評論・研究部門および第五十七回日本推理作家協会賞評論その他の部門をダブル受賞。著書に『ミステリ映像の最前線　原作と映像の交叉光線《クロスライト》』（書肆侃侃房）、『ミステリから見た「二〇二〇年」』（光文社）など。

千街

MYSTERY
ISLAND

SENGAI Akiyuki

千街晶之

第一回　孤島ミステリの歴史の開幕を告げる至高の傑作

アガサ・クリスティー
『そして誰もいなくなった』
（青木久恵訳、早川書房）

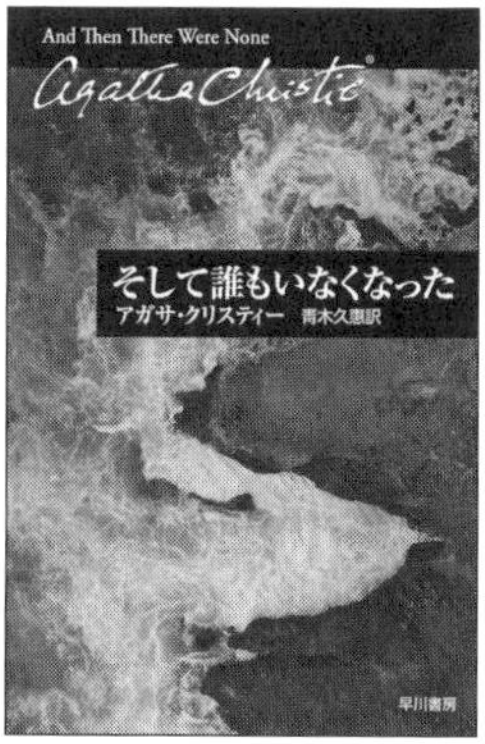

「孤島ミステリの中から必読の傑作を一冊だけ選べ」と言われた場合、私は「必読」というところに重きを置いて『そして誰もいなくなった』（一九三九年刊）を選ぶと思います。島を舞台にしたミステリがそれ以前に存在しないわけではないのですが、現在のような孤島ミステリ、クローズドサークル・ミステリの流行は、本作なくしてはあり得なかったからです。

イギリスはデヴォン州の海岸沖の「兵隊島」にある屋敷に集められた、互いに見ず知らずの十人の男女。招待主のオーエンは姿を見せず、晩餐《ばんさん》の席では十人が過去に犯した罪を告発する声が響き渡る。そして、招待客たちは一人、また一人と殺害されてゆく……。

逃げ場のない孤島で連続する殺人、疑心暗鬼に陥《おちい》ってゆく生存者たち。しかも殺害の手口はマザーグースの歌詞に見立てたものである……こんな強烈なスリルは、ミステリ史上かつてないものでした。天才クリスティーの迫真の筆致に引き込まれてゆくうちに、読者もいつしか兵隊島から逃げ出せなくなっているような臨場感を味わっていることでしょう。

『そして誰もいなくなった』なくして、西村京太郎の『殺しの双曲線』も綾辻行人の『十角館の殺人』も夏樹静子の『そして誰かいなくなった』も米澤穂信の『インシテミル』も書かれなかったことは明らかです。しかし、単に「元祖」というだけの価値しかない古びた作品などではなく、今読んでも無類に面白い。こんな傑作、なかなかありません。

QUESTION

質問

ずばり、
『そして誰もいなくなった』を
読んだことがありますか？

A　ある……279人

B　ない……76人

第二回　莫大な富を奪って夢を叶えた男の運命は？

江戸川乱歩
「パノラマ島綺譚」
（『江戸川乱歩全集　第2巻　パノラマ島綺譚』所収、光文社）

宝くじの一等が当たればやりたいことを思う存分やってみたい……と夢想したことのないひとはいないのではないでしょうか。ですが、夢を叶えるために人間として一線を越えるかどうかといえば、そこまでの度胸はないひとが大部分でしょう。江戸川乱歩の『パノラマ島綺譚』（別題『パノラマ島奇談』）の主人公は、その一線を越えてしまった男です。

千街晶之

貧しい無職の男・人見廣介《ひとみひろすけ》は、自分の理想郷を作りたいと夢想していました。彼はある日、自分と瓜二つ《うりふた》であるM県随一の富豪・菰田源三郎《こもだげんざぶろう》が病死したことを知ります。その地方に土葬の風習が残っていることを知っていた廣介は、墓地で仮死状態から息を吹き返したかのように装って源三郎に成りすまし、菰田家の莫大な財産を湯水のように使って、自らが夢見た通りの楽園を孤島に建設しはじめます。しかし、源三郎の妻・千代子《ちよこ》は、すっかり性格が変わった夫に不審を覚えます。

廣介が作ろうとしたのは巨大楽園ですが、場所は小島なので土地に限りがあります。それをいかに広大な空間だと錯覚させるかが彼の工夫です。そして最大の読みどころは、後半で延々と繰り広げられる「日夜を分《わか》たぬ狂気と淫蕩《いんとう》、乱舞と陶酔の歓楽境」と形容されるパノラマ島のエロティックな極彩色の光景で、まさに天才・乱歩の想像力と筆力がフルスロットル状態になっています。さて、夫の秘密を知った千代子はどうなってしまうのか、そして、パノラマ島の王となった廣介の運命は？　是非、最後まで見届けてください。

QUESTION

質問

自分の夢を叶えられるくらいの
財産がほしいと思ったことが
ありますか？

A　ある……236人

B　ない……37人

千街晶之

第三回　フランスの技巧派が『そして誰もいなくなった』に挑戦！

ミシェル・ビュッシ
『恐るべき太陽』（平岡敦訳、集英社）

孤島ミステリの歴史上、後世に対して最大の影響力があったのがアガサ・クリスティー『そして誰もいなくなった』、現在の日本の孤島ミステリへの影響力なら綾辻行人『十角館の殺人』……だというのは確実でしょう。ここからは三回続けて、この二作品からの影響が特に濃厚なミステリを紹介します。

南太平洋のヒバオア島にある《恐るべき太陽》荘に、高名な作家が指導する一週間の創作セミナーの参加者として五人の女性が集まりました。そのうち二人は家族も同行しています。ところが、作家が忽然《こつぜん》と姿を消し、連続殺人が始まります。

ヒバオア島（実在の島なので、「孤島」というイメージはそんなに強くないのですが）にはティキと呼ばれる彫像があり（これも実在するのでインターネットで画像検索してみて下さい）、その五体がセミナー参加者の五人の女性と対応しているあたり、どう読んでも『そして誰もいなくなった』を意識しています。また、登場人物の一人称による語りが重視されている点は、クリスティーの別の作品を想起させます。ですが、注意深く読めばすぐにわかりそうな真相なのに、読者の先入観を巧《たく》みに手玉に取って最後まで騙しきってしまうあたりは、現代フランス・ミステリ界きっての技巧派ビュッシならではと言えます。探偵小説研究会・編著『2024本格ミステリ・ベスト10』で海外部門一位に選出されたのも納得の出来映えです。

QUESTION

質問

暖かい南の孤島と寒い北の孤島、
ミステリの舞台に相応しいと
感じるのはどちらですか?

A　南の孤島……72人

B　北の孤島……209人

第四回　古典本格と残虐なサイコ・サスペンスの悪魔合体！

マイケル・スレイド
『髑髏島の惨劇』（夏来健次訳、文藝春秋）

前回紹介したミシェル・ビュッシ『恐るべき太陽』は、『そして誰もいなくなった』フォロワーとしてはわりとまっとうな作例でした。ですが、カナダの合作作家（参加メンバーは頻繁に入れ替わっている）、マイケル・スレイドの『髑髏島の惨劇』はどうでしょう。

実はこの作品、孤島ミステリになるのは中盤からです。カナダ騎馬警察のチャンドラー警部

千街晶之

補は、推理ゲームに参加するため推理作家たちとともに「髑髏島」に赴きます。彼ら十五人が滞在することになったのは、不気味な城館「魏巌城《ぎがんじょう》」。嵐で外部から孤立した状態で、登場人物の名前を憶《おぼ》える暇もないほど立て続けに殺人が起きます。

スレイドの作風の特色は、サイコ・サスペンスと警察小説とオカルト・ホラーのハイブリッド、そして何よりも、異様なまでに力のこもった殺戮《さつりく》・拷問描写です。ところが一方で、スレイドの作風にはアガサ・クリスティーやジョン・ディクスン・カーら本格ミステリの巨匠たちへのオマージュの要素も大量に含まれています。それらが合体して奇怪な化学変化を起こしたのが本書で、いかにもな古典的設定（クリスティーのような女性作家も出てきます）の中で、綾辻行人の『殺人鬼』や三津田信三の『スラッシャー　廃園の殺人』さながらの残虐な殺人が繰り返されます。本家クリスティーが読んだら卒倒しそうな怪作ですが、これも『そして誰もいなくなった』から生まれた伝言ゲームの一つの結果なのは間違いないのです。

QUESTION

質問

本格ミステリとホラー、
孤島が舞台の物語としては
どちらが相応しいですか？

A　本格ミステリ……271人

B　ホラー……18人

千街晶之

第五回　目立ちすぎて読者に見えない伏線とは？

詠坂雄二『T島事件　絶海の孤島でなぜ六人は死亡したのか？』（光文社）

前々回と前回で紹介したミシェル・ビュッシ『恐るべき太陽』とマイケル・スレイド『髑髏島の惨劇』に、アガサ・クリスティー『そして誰もいなくなった』の影響が見られたように、綾辻行人『十角館の殺人』からの影響が明らかな国産孤島ミステリも散見されます。その代表例が、詠坂雄二『T島事件　絶海の孤島でなぜ六人は死亡したのか？』でしょう（単行本版で

はサブタイトルの最後に「？」がついていませんでした）。

映画のロケハンのため無人島に渡った六人のスタッフが全員変死しましたが、彼らの行動の一部始終が映像に記録されていて不審な点が見当たらなかったため、警察は事件性なしとして捜査を打ち切ります。しかし、映画のプロデューサーは、映像の真偽を調べてほしいと探偵・月島凪《つきしまなぎ》の事務所「月島前線企画」に依頼しました。事務所の若手社員・荻田《おぎた》が、残された録画テープに手掛かりを求めて調査に取りかかりますが――。

本書の発表年である二〇一七年は、『十角館の殺人』刊行からちょうど三十周年。しかもタイトルにあるT島は、『十角館の殺人』の舞台・角島を連想させます。ですが、本書の趣向自体は、目立ちすぎるせいでかえって読者が見過ごしてしまう伏線の存在など、著者らしい屈折ぶりとフェアプレイとを両立させたものです。先達へのオマージュと、著者独自の着想とを掛け合わせた、一筋縄ではいかない凝《こ》った孤島ミステリなのです。

QUESTION

質問

これまで読んだ孤島ミステリ、
海外産と国産では
どちらが多いですか?

A　海外産孤島ミステリ…………31人

B　国産孤島ミステリ…………252人

第六回　孤島で発見された生存者は誰なのか？

歌野晶午
「生存者、一名」
（『そして名探偵は生まれた』所収、祥伝社）

逃げ場のない孤島にいる人間が次々と殺害される……というパターンの作品の場合、「限定された登場人物の中の誰が犯人なのか」が読みどころである場合が多いです。しかし、ミステリとしての狙《ねら》いが他の点にある作品も存在します。それに該当するのが歌野晶午の「生存者、一名」です（この作品は、中篇を単体で刊行する祥伝社文庫の企画「400円文庫」の一冊と

して書き下ろされた後、現在は中篇集『そして名探偵は生まれた』に収録されています)。

本書は「わたし」こと大竹三春《おおたけみはる》の手記というスタイルを取っています。彼女は、ある教団の信徒であり、教祖の指示で爆弾テロを起こした実行犯の一人でもあります。彼女を含む四人の実行犯は、幹部の関口《せきぐち》、そのカバン持ちの稲村《いなむら》とともに東シナ海南西部の屍島《かばねじま》という小島に潜伏することになりました。ところが、関口が船とともに姿を消し、やがて第一の殺人が起きます。

最初のページの記事らしき文章で明かされる通り、最終的に屍島から発見された生存者は一名。つまり、島にいる人物のうち誰が最後まで生き残ったのか……という点に本書のミステリとしての狙いがあります。手記の書き手である(つまり、終盤まで生存している可能性が高い)三春か、それとも他の信徒のうちの誰かなのか? 同じ教義を信奉する者同士が疑心暗鬼に囚《とら》われて醜悪な諍《いさか》いを繰り広げるようになるスリルもさることながら、「犯人当て」ならぬ「生存者当て」の興味によって読者を強く惹きつける作品です。

QUESTION

質問

長篇ミステリと
中篇・短篇ミステリ、
好きなのはどちらですか?

A　長篇ミステリ……194人

B　中篇・短篇ミステリ……63人

千街晶之

第七回 ミステリが存在しない世界で起こる連続殺人

北山猛邦『オルゴーリエンヌ』（東京創元社）

書店や図書館に行けば、一生かかっても読みきれないほどのミステリ小説が並んでいるのが現実の世界です。しかし、北山猛邦の「少年検閲官」シリーズの舞台となる世界は、「焚書《ふんしょ》法」によってあらゆる書物が焼却の対象となった世界であり、人々は犯罪という概念自体を知りません。書物の中でもミステリは禁忌中の禁忌とされていますが、それでも密《ひそ》かにミステリ

作家を目指す人間がいます。『ミステリ』を求めて旅をする少年クリスと、書物を発見して焼き払うことを任務とする検閲官の中でもエリートである「少年検閲官」エノが邂逅《かいこう》します。『オルゴーリェンヌ』は、このシリーズの第二作です。ある町で検閲官に追われる少女ユユを救ったクリスは、奇《く》しくもエノと再会します。エノによると、ユユは海墟《かいきょ》（海に取り残され、いずれ沈むことが決定づけられた土地）に建つカリヨン邸という洋館から本土に逃げ出してきたようです。クリスとユユ、そしてエノは、海を渡ってカリヨン邸へと向かいますが、そこで彼らを待っていたのは連続殺人でした。

ミステリが存在せず、犯罪という概念もない世界で、何故殺人が起こってしまうのか。現実とは異なる世界だからこそ成立する動機と、著者ならではの物理トリックが繰り広げられる大作です。何といっても圧巻なのはラストの謎解きの劇的な演出で、犯人が一人に絞り込まれる過程には胸を締めつけられるような感情を味わうでしょう。現時点での著者の最高傑作なのは間違いありません。

Q U E S T I O N

質問

ミステリが存在しない世界に
いきなり放り込まれたら
耐えられそうですか?

A　耐えられる……42人

B　耐えられない……219人

第八回　天使が人を裁く世界での探偵の孤独な闘い

斜線堂有紀『楽園とは探偵の不在なり』（早川書房）

斜線堂有紀『楽園とは探偵の不在なり』の舞台となるのは、五年前から世界中に奇怪な姿の天使たちが降臨し、二人殺した人間を問答無用で地獄に堕《お》とすようになった世界です。ところが不条理なことに、一人しか殺さなかった人間は全くお咎《とが》めなしなのです。そのため、一人までなら殺したほうが得だと考える者や、どうせ地獄に堕ちるなら道連れを増やそうと大量殺人

千街晶之

を決行する者が続出するようになりました。

主人公の青岸焦《あおぎしこがれ》は探偵です。しかし、彼は天使が裁きを下すようになったせいで探偵という職業の存在意義を奪われたのみならず、仲間をすべて喪《うしな》ってしまいました。そんな彼が常木王凱《つねきおうがい》という大富豪から招待されたのは、多くの天使が集まっている常世島《とこよじま》。訪問の翌朝、島にいる人間のうち一人が殺害されます。ところが、殺人は一件だけでは終わらず、犠牲者が相次ぐのです。

二人殺せば即座に地獄に堕とされる筈《はず》なのに、どうして連続殺人が可能なのでしょう？　犯人は複数いるのか、それとも何らかの手段で天使を欺いているのでしょうか。そして、一度は探偵として挫折《ざせつ》と絶望を味わった青岸は、この不可解な謎を解き明かし、不条理極まる変容を遂げた世界に、人間が人間の罪を裁く条理を取り戻せるでしょうか。独創的なアイディアに基づく幻想的世界観を土台としてロジカルな謎解きを構築してみせた、実力派作家の本領発揮作です。

QUESTION

質問

天使と悪魔、姿を見るだけなら
どちらを見てみたいですか?

A　天使……156人

B　悪魔……110人

千街晶之

第九回 ここにだけは絶対行きたくない危険な孤島

モーリス・ルブラン『三十棺桶島』（南洋一郎訳、ポプラ社）

基本的に、ミステリに登場する孤島というのは物騒《ぶっそう》なところですが、「ここにだけは絶対行きたくない」という島を選ぶなら、私はモーリス・ルブラン『三十棺桶島』の舞台であるサレク島を挙げます。またの名を三十棺桶島《さんじゅうかんおけじま》……という時点でおどろおどろしいことこの上ないですが、そこで繰り広げられる惨劇も桁外《けたはず》れの異常さです。

主人公のベロニク・デルジュモンは、水死したと思われていた我が子フランソワと父アントワーヌが、サレク島で生きているということを知ります。しかし、島に到着した彼女が目の当たりにしたのは、フランソワらしき少年がアントワーヌをピストルで射殺する光景でした。そして、怪事件に恐れをなして島から脱出を図った住民たちも容赦なく殺害されるのです。

始まって六十ページくらいで住民がほぼ全滅というとんでもない展開ですが、その後もベロニクには想像を絶する絶望的な運命が降りかかるのです。島に伝わる「四人のはりつけ女」「三十の棺桶」「人間を殺し、または生かす力のある神の石」という予言をなぞった凶行ですが、その「神の石」の正体を知るとなおさら、こんな危険な島に住んでいられるかという気分になります。本書は本格ミステリではないものの、孤島と予言という組み合わせは澤村伊智『予言の島』の原型とも言えますので、比較しながら読んでいただくのも一興でしょう。

QUESTION

質問

モーリス・ルブランといえば
怪盗アルセーヌ・ルパンの
生みの親ですが、
名探偵シャーロック・ホームズと
怪盗ルパン、
どちらが好きですか?

A　シャーロック・ホームズ……213人

B　アルセーヌ・ルパン……50人

第十回

現実と妄想が混淆する、逃げ場のない孤島

皆川博子
「聖女の島」
(『皆川博子長篇推理コレクション4
花の旅　夜の旅　聖女の島』所収、柏書房)

アガサ・クリスティーの『そして誰もいなくなった』や綾辻行人の『十角館の殺人』がメジャーなぶん、孤島といえば本格ミステリ……という連想が働くのはある意味当然です。しかし、それ以外のジャンルの小説にも孤島ものは少なくありません。今回は、その中からとって

おきの傑作を紹介しましょう。皆川博子の『聖女の島』です。

舞台となるのはかつては繁栄した炭鉱町でしたが、今は不良少女たちを更生させるための三棟のホームのほかは、廃墟だけが残る荒廃した孤島です。園長は本土から来訪した修道女《マ・スール》に、ホームで放火事件が起き、三十一人いた少女のうち三人が死んだが、もう一度ホームを再建させてほしい……と懇願《こんがん》します。ところが、島には三十一人の少女がちゃんと揃《そろ》っているのでした。

少女の人数が合わない現象も不気味ですが、少女たちの反抗に苛立《いらだ》ち混乱する園長や職員を冷ややかに傍観する修道女も、前半の視点人物でありながら何を考えているのかさっぱりわからない、得体の知れない存在です。果たして、描かれた出来事のどこまでが現実で、どこからが妄想なのか……読者は困惑の迷宮を彷徨《さまよ》った果て、ラストに至って絶望的な悲哀と不思議なカタルシスを同時に感じて打ちのめされることでしょう。本書は本格ミステリではありませんが、ピーター・ウィアー監督の伝説のカルト映画『ピクニックatハンギング・ロック』にも相通じるものを感じさせる、耽美《たんび》と恐怖に満ちた幻想ミステリなのです。

QUESTION

質問

『聖女の島』の舞台のモデルは
現実に存在する長崎の
軍艦島（端島）ですが、
ここに行ったことはありますか?

A	ある	18人
B	ない	239人

千街晶之

第十一回　本格ミステリの様式美、ここに極まれり

鴨崎暖炉
『密室狂乱時代の殺人　絶海の孤島と七つのトリック』（宝島社）

孤島ミステリの名作を紹介してきたこの連載も、これでいよいよ最終回。最後は派手に、華やかに行きましょう。鴨崎暖炉『密室狂乱時代の殺人　絶海の孤島と七つのトリック』は、第二十回『このミステリーがすごい！』大賞の文庫グランプリ受賞作『密室黄金時代の殺人　雪の館と六つのトリック』の続篇。「密室の不解証明は、現場の不在証明と同等の価値がある。

だから現場が密室である限り、犯人は必ず無罪になる」――つまり、密室の謎が解けなかった場合は犯人にアリバイがあるのと同じだから無罪である、という滅茶苦茶《めちゃくちゃ》な判決が東京地裁で下りて以降、密室殺人が流行するようになった社会が背景です。

高校生の葛白香澄《くずしろかすみ》は、賞金額十億円の「密室トリックゲーム」への招待状を受け取り、ゲームの主催者の大富豪が所有する金網島《かなあみとう》へと向かいます。集まったのは探偵系ユーチューバーや探偵系シンガーソングライター、密室を崇《あが》める宗教団体の幹部といった奇天烈《きてれつ》な面々。中には、例の判決を下した元裁判官も……。過去に二度も未解決の密室殺人が起きたその島で、ただのゲームではない、実際の密室殺人がまたしても始まります。

タイトル通り、作中の密室トリックは七つ。とにかく壮大で絵になるトリックが惜しげもなく披露され、人が大勢死ぬ物語なのに楽しいことこの上ありません。しかも、舞台が孤島であることには思いがけない必然性が用意されています。本格ミステリの様式美、ここに極まれりという快作です。

QUESTION

質問

賞金額10億円の
「密室トリックゲーム」への招待状
が届きました。でも、もしかすると
実際に密室殺人が起きるかも
知れません。さあ、貴方は
ゲームに参加しますか?

A　参加する……113人

B　参加しない……150人

MYSTERY
ISLAND

九

本業は地方都市で働く書店員。一九九〇年代半ばよりネット上にて政宗九名義でミステリ系ブログの運営やコラムなどを執筆するミステリレビュアーとして活動。本名の三島政幸名義でも貫井徳郎『ドミノ倒し』、太田忠司『遺品博物館』（以上、創元推理文庫）、我孫子武丸『さよならのためだけに』（徳間文庫）などの文庫解説を執筆。最新の文庫解説は天祢涼『罪びとの手』（角川文庫）。

政　宗

MASAMUNE Q

政宗 九

第一回 孤島ミステリ、最大級の問題作

麻耶雄嵩『夏と冬の奏鳴曲《ソナタ》 新装改訂版』（講談社）

「ミステリーアイランド」、私が最初に紹介する作品は、古今東西の孤島ミステリの中でも最大級の問題作と言えるかも知れません。麻耶雄嵩『夏と冬の奏鳴曲』です。

日本海にある絶海の孤島、和音《かずね》島。地図上では「隠岐と輪島を結ぶ直線上にある」という記述からも、陸地からはかなり離れているようです。

幻の映画「春と秋の奏鳴曲」に主演した女優、真宮和音《まみやかずね》と一年間和音島で過ごした六人の男

女。和音は世を去ったが、残された人々が二十年後に再び和音島に集まった。雑誌編集者の如月烏有《きさらぎうゆう》は、編集長からの取材指示を受け、女子高生の舞奈桐璃《まいなとうり》と共に和音島を訪れた。和音を「神」と崇める異様な雰囲気が支配する中、首なし死体が発見される。真夏の八月に雪が降り積もるという異常気象から発生した「雪密室」の状態で。

麻耶雄嵩は一九九一年に『翼ある闇　メルカトル鮎最後の事件』でデビュー。デビュー作もかなりの問題作でしたが、一九九三年の二作目『夏と冬の奏鳴曲』はそれを上回る問題作。キュビスムを中心とした衒学《げんがく》趣味、まさに神の「奇跡」としか思えない雪密室のトリック（でも本当に起きるなら見てみたい）、そしてクライマックスは一読しただけでは理解不能な難解さ。『翼ある闇』で華麗に登場したかと思えば、あっという間に退場させられた「銘探偵」メルカトル鮎《あゆ》が本作でもラストに登場しますが、彼が烏有に問いかけるたった一言が、物語の様相を百八十度ひっくり返します。読めば読むほど物語の印象が変わる問題作であり、初期新本格の最重要な作品と言えるでしょう。

QUESTION

……………質問……………

あなたは『夏と冬の奏鳴曲』は……

A　既読で、面白かった！……61人

B　既読だが、よく分からなかった！……33人

C　既読だが、面白くなかった……6人

D　未読です……171人

第二回　端正な本格ミステリの見本

有栖川有栖『孤島パズル』（東京創元社）

私が紹介する二番目の島は、有栖川有栖の『孤島パズル』の舞台となる嘉敷島《かしきじま》です。奄美大島の南五十キロに浮かぶ孤島・嘉敷島は、「鎌か牛の角か、あるいは三日月か」と記述されていますが、クロワッサンのような形をした島で、その両端にあたる二つの岬「引き潮岬」「満ち潮岬」にそれぞれ別荘が建っています。英都《えいと》大学推理小説研究会の新メンバー、有《あり》馬《ま》麻里亜《まりあ》の伯父がその「引き潮岬」側の別荘、望楼荘《ぼうろうそう》の持ち主であり、江神二郎《えがみじろう》・有栖川有栖《ありすがわありす》

政宗九

は麻里亜の誘いでその別荘で夏を過ごすことに。実は麻里亜の祖父が遺《のこ》したとされる宝を見つけるという目的もあった。ところがある夜に別荘内で密室殺人事件が発生。さらに「満ち潮岬」側の別荘、魚楽荘《ぎょらくそう》でも画家が殺される。台風接近で外界から遮断された状態で、江神と有栖は真犯人を見つけることができるのか？

有栖川有栖が「有栖川有栖」を語り手とするシリーズは二つあります。一つは臨床犯罪学者の火村英生《ひむらひでお》の活躍を描く、通称「作家アリス」シリーズ。もう一つが、英都大の江神二郎が探偵役となる「学生アリス」シリーズ。『孤島パズル』は、一九八九年のデビュー作『月光ゲーム』に続く二作目です。どちらも人気のあるシリーズですが、「学生アリス」シリーズに特別な思い入れのある人も多いはず。なんといっても「読者への挑戦」の正々堂々ぶりは、謎解き論理への自信の表れです。わずかな手がかりから正攻法で真犯人を指摘する展開が「端正な本格ミステリ」を感じさせる、読《よ》み応《ごた》えある作品です。麻里亜は本作以降、学生アリスシリーズのレギュラーとして活躍しています。

QUESTION

質問

「学生アリス」シリーズと
「作家アリス」シリーズ、
より好きなのは?

A　「学生アリス」シリーズ
……127人

B　「作家アリス」シリーズ
……147人

政宗九

第三回　瀬戸内の島での連続殺人

近藤史恵『凍える島』（東京創元社）

今回の孤島ミステリは、近藤史恵さんのデビュー作であり、鮎川哲也賞受賞作の『凍える島』です。

舞台となるS島は瀬戸内海にあり、「一度K県に渡り、そこから週に三度ある定期便の船で、小さな町のあるH島に行く。そこからモォタァボォトですぐ、という、まあ言うなればH島の離れのような小島」とのこと。

喫茶店「北斎屋《ほくさいや》」を経営する野坂《のさか》あやめが、得意客を含めた慰安旅行先として勧められたのがS島。普段は無人島だが別荘が建っており、みんなはそこで過ごすことに。最初は和やかなムードだったが、殺人事件が起きて雰囲気が激変。さらに続く殺人の果てに待ち受ける真相は？

孤島の別荘で次々に殺されて人数が減っていく、というと、どうしても『そして誰もいなくなった』を想起させます。作中でも「あれは、クリスティだったたか。ひとり、ひとり、マザアグウスに見立てられて、殺されていく」と触れられています。疑心暗鬼になるメンバーたちと、「モォタァボォト」などの独特なカタカナ表記。男女の心理描写なども丁寧に描かれ、現在でも傑作を世に出し続けている近藤史恵さんの原点となる作品です。真夏の瀬戸内なのに何故『凍える島』なのかは、作品を読んで確かめてください。

QUESTION

質問

私も瀬戸内在住ですが、
瀬戸内海の島に
行ったことはありますか？

A　ある……93人

B　ない……187人

C　瀬戸内の島に住んでいる……2人

第四回　十津川警部、拉致される!?

西村京太郎
『七人の証人　新装版』（講談社）

その日、十津川警部は帰宅中、何者かに後頭部を殴られ昏倒《こんとう》。気がつくと、見知らぬ場所にいた。どうやら孤島らしく、映画のオープンセットのような、交叉点《こうさてん》を中心にした街並みがあった。さらに、十津川の他に七人の男女が集められていた。そこに現れた男・佐々木《ささき》の話では、一年前に起きた殺人事件で息子が逮捕され、獄中で死んだという。息子の無実を信じる佐々木は、ここに現場を完全再現して関係者を集め、当時の事件を再検証しようと言うのだ。

十津川警部は、客観的な立会人としてこの場に連れて来られたのだった。前代未聞の「私的裁判」が始まった。

西村京太郎さんといえば、トラベルミステリーの第一人者として知られますが、実はトラベルミステリーという「金脈」を掘り当てるまでは本格ミステリから社会派、ユーモア、スパイ小説に至るまで、様々なミステリを発表されていました。今回紹介する『七人の証人』は、その中でも私が偏愛する作品です。なんといっても「あの」十津川警部が拉致されるという衝撃的な書き出しと、殺人現場を再現して再検証するという派手な設定が印象的ですが、各人の証言の矛盾を突いていく十津川警部の推理の鮮やかさも素晴らしい。本格ミステリの面白さに社会派のテイストが加わった傑作です。

なお、今回読み返しましたが、本作の「孤島」の正確な場所は、分かりませんでした。

QUESTION
質問

西村京太郎さんの作品では……?

A　トラベルミステリー、それ以外のジャンル、どちらも既読 ……60人

B　トラベルミステリーしか読んだことがない ……82人

C　トラベルミステリー以外の作品しか読んだことがない ……28人

D　西村京太郎作品は未読 ……93人

第五回 亜愛一郎、戦時中の謎を解き明かす

泡坂妻夫
「ホロボの神」
（『亜愛一郎の狼狽』所収、東京創元社）

中神《なかがみ》は遺骨収集団の一員として、船で「ホロボ島」に向かっていた。ホロボ島は太平洋上にある島で、戦時中に輸送船団が大襲撃に遭った際に沈没をまぬがれてたどり着いた場所だった。かつての戦争を思い出しながらも、嫌な記憶しかない原浜《はらはま》軍曹の骨は拾うことはできないと思っていた――そんなとき、遺骨収集団と同じ船に乗り合わせていた、数十年前どころか一億年前の骨を探している連中に出会った中神は、彼らにホロボ島での体験談、ホロボの原住民

の酋長《しゅうちょう》が拳銃《けんじゅう》自殺をした話をする。それを聞いた若い男が白い目を出した。

今回の孤島は戦時中のホロボ島。泡坂妻夫さんの代表作である亜愛一郎《ああいいちろう》シリーズの一編です。ホロボの原住民が崇める「神」の話と、亡くなった妻の後を追うように拳銃自殺した酋長。なぜ原住民が文明の利器である拳銃を持っていたのか。この事件を操っていたのは誰だったのか。

実は「ホロボの神」作中では、謎を解く人物の名前は明かされていません（最後に「若い男の方の名前を、どうしても知りたくなった」と書かれています）が、シリーズ全作に必ず登場する「三角形の顔をした洋装の老婦人」が遺骨収集団の一員として登場したり、「白い目」が真相解明の瞬間を表しているなど、お約束描写が織り込まれ、真相はシリーズならではの論理展開が炸裂《さくれつ》します。亜愛一郎シリーズは、逆説に満ちた日本最高のミステリ連作集です。

ちなみに亜愛一郎シリーズでは、『亜愛一郎の逃亡』の「赤島砂上」も島が舞台でした。

QUESTION

質問

日本ミステリを代表する
短編シリーズ、
亜愛一郎シリーズは
既読ですか?

A もちろん全作読んでます!……39人

B 一部は読んでいる……45人

C 実は……未読です……123人

第六回　未来が見えるカカシが殺された奇妙な島・荻島

伊坂幸太郎

『オーデュボンの祈り』（新潮社）

コンビニ強盗に失敗して逃げていた伊藤は、気付くと見知らぬ島にいた。「荻島《おぎしま》」と呼ばれるその島は、仙台の先の牡鹿半島《おしかはんとう》をずっと南に来たところにあり、百五十年も外界との交流がなかった孤島のようだ。荻島には奇妙な人々と、優午《ゆうご》という名のカカシがいた。一八五五年に生まれたと言うカカシは人間の言葉を話し、自分には未来が見えるというのだ。ところがある

政宗　九

日、優午が殺されていた。田圃《たんぼ》の真ん中でバラバラにされていたのだ。未来が見えるカカシがなぜ「自分が殺されること」が分からなかったのか？　だがこの出来事は、この島で起きる奇妙な事件の幕開けでもあった。

今や国民的人気作家のひとり、伊坂幸太郎さんが二〇〇〇年に「新潮ミステリー倶楽部賞」を受賞したデビュー作がこの『オーデュボンの祈り』です。未来が見え、喋《しゃべ》るカカシが殺される、という序盤からしてもう不思議な世界です。

刊行当時、奇妙な設定のミステリが好きだった私に友人が「これは政宗さんなら喜ぶと思うよ」と薦めてくれたのですが、あまりにも妙すぎて序盤だけで挫折しました。その後、数々の伊坂作品が大好きになり、文庫になった時にようやく読みましたが、そのシュールな雰囲気こそが伊坂ワールドそのもの。洒脱《しゃだつ》な会話センスや巧妙な伏線も本作の段階で見られ、まさしく伊坂幸太郎さんの原点と言えます。

QUESTION

質問

『オーデュボンの祈り』は、
既読？　未読？

A　既読……93人

B　未読……129人

C　伊坂幸太郎作品を読んだことがない……61人

政宗九

第七回　エラリイの目の前で起こる「不可能犯罪」

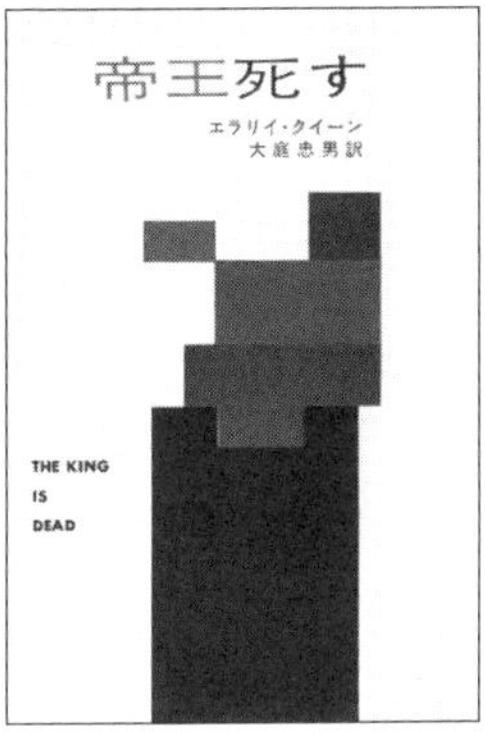

エラリイ・クイーン
『帝王死す』（大庭忠男訳、早川書房）

六月のある朝、クイーン親子のアパートに侵入者が押しかけてきた。緊迫した雰囲気の中、アパートに入ってきた小柄《こがら》な男は、軍需工業界の大富豪キング・ベンディゴの弟、エーベル・ベンディゴだった。エーベルは、キングの元に届いた〈あなたは殺される――〉〈あなたは殺される　木曜日――〉とタイプされた二通の脅迫状を持っていた。彼はクイーン親子に脅迫状

の謎の解明を求めてきたのだ。エラリイたちは強引に、ベンディゴ一族が持つ島・ベンディゴ島に連れていかれた。この島の場所を知るものはアメリカ中に五人もいないという。脅迫状は続々届き、一言ずつ増えていったが、エラリイは脅迫状の差出人たる犯人を突き止めた。そしてその時間、深夜十二時、犯人は予告通りキングのいる部屋に向けて引き金を引いた。が、銃声はしなかった。弾薬は込められていなかったのだ。ところが犯人は「射《う》った」と宣言した。そしてキング・ベンディゴは、完璧《かんぺき》な密室状態の中で胸を射たれていた。エラリイたちが見ている前で殺人が起こったのだ。

ミステリ界の「キング」であり、日本の本格ミステリ作家の多くがリスペクトするエラリイ・クイーン。緻密かつフェアな論理展開が持ち味ですが、『帝王死す』はちょっと珍しい作品で、冒険サスペンス風に展開しながら、起きる事件は大掛かりなイリュージョンのようであり、トリックも非常にユニークです。

そして後半、クイーンの中期作品によく登場する「あの町」が登場します。事件のルーツを探すエラリイたちが見つけたものは？　戦後アメリカの空気もまた重要な要素になっている作品です。

QUESTION

質問

エラリイ・クイーンといえば?

A　国名シリーズ……176人

B　ドルリイ・レーン四部作…68人

C　ライツヴィル・シリーズ……10人

第八回　南の島が主役の幻想ミステリ

西村京太郎『幻奇島　新装版』（徳間書店）

西村京太郎さんの孤島ミステリとして、以前『七人の証人　新装版』を紹介しました。トラベルミステリーの第一人者として知られる西村さんが、その大ブームを生む前に世に出した本格ミステリのひとつでした。西村さんは本格ミステリのほかにも、社会派、スパイ小説、ユーモア小説まで、様々なタイプの小説を書かれていましたが、今回紹介する『幻奇島《げんきとう》』は飛び切りの異色作です。

政宗　九

アルコールを飲んで車を運転し、女性をはねてしまった医師の西崎。手術が行われたが、翌朝その女性は茅ケ崎の海岸から海に消えてしまった。この出来事がきっかけで、石垣島から南南東へ百二十六キロ離れた「御神島《おがんじま》」の診療所に行くことになった西崎は、そこで行方不明になった女性と瓜二つの霊根《れいね》ナツに出会う。血族結婚が多く、子供が一人もおらず、「ニライカナイ」なるものへの信仰がある御神島。やがてこの島で連続殺人が起きる。

沖縄の島が持つ不思議な空気が支配する中、西崎を取り巻く謎は一応明かされていくのですが、読みどころはクライマックス。外界と遮断された舞台としての意味合いが多い孤島ミステリの数々の中でも、『幻奇島』は、この島こそが真の主役とも言うべき作品かも知れません。綾辻行人さんが「愛する西村作品ベスト5」に挙げられている幻想伝奇ミステリ、その独特な雰囲気を味わってみてください。

QUESTION

質問

幻想ミステリは?

A　大好き……137人

B　あまり好きではない……35人

C　どちらとも言えない……82人

政宗九

第九回　島田荘司の力業が光る大作

島田荘司『アルカトラズ幻想』（上下巻、文藝春秋）

ワシントンDC郊外のブナの木の枝から吊るされていた女性の死体。しかも両足の間から子宮などの内臓が垂れ下がっていた。謎が深まる中、同じブナの木立から死体の発見が続く。今度は腹を裂かれ、骨盤が割られていた……という不可解な事件が描かれる第一章。ところが第二章「重力論文」では突然語り口が変わり、恐竜時代の謎、とりわけ、恐竜が突如として絶滅した謎の推論が展開していく。どうやら第一章の連続殺人犯が書いた論文らしい。果たして関

連はあるのか。
そして第三章ではその事件の容疑者として捕らえられたバーナードが、絶対に脱獄できない監獄のあるアルカトラズ島へ連行される。そこでバーナードは、かつてこの島に収監されていた人物が唱えていた「地球空洞説」の話を聞かされる。難攻不落の監獄からの脱獄を試みるバーナードだったが……。さらに第四章で描かれる「パンプキン王国」の幻想的な物語。謎また謎の不思議な物語はどう繫《つな》がるのか？

島田荘司さんの『アルカトラズ幻想』はあらすじを要約するのも難しい不可解さに満ちた小説です。とりわけ第四章の話が謎だらけですが、それが現実世界の物語になり、ほかのエピソードとも繫がる展開は、島田荘司さんらしい強引とも思えるような力業で読者を圧倒します。現在入手が難しく、電子書籍か古書をあたるしかありませんが、ファンなら読んでおきたい作品です。

QUESTION

質問

島田荘司『アルカトラズ幻想』
は……

A　既読……34人

B　未読……105人

C　読んでみたい……129人

第十回　瀬戸内の孤島で炸裂する大スケールのトリック

東川篤哉
『仕掛島』（東京創元社）

岡山経済界の大物、西大寺《さいだいじ》出版の西大寺吾郎《ごろう》が亡くなった。巨額の遺産がどう相続されるのか注目を浴びる中、瀬戸内海に浮かぶ孤島・斜島《ななめじま》の別荘「御影荘《みかげそう》」に関係者が集まって遺言状が公開された。粛々《しゅくしゅく》と遺言が読まれる中、斜島の土地と建物の管理権は甥《おい》である鶴岡和哉《つるおかかずや》にゆだねられ、その見返りとして三千万円を手にすることが発表された。どうやら和哉は西大

政宗　九

寺家の秘密を握っており、他の遺族にとっては面白くないようだ。
　御影荘の窓の外で「赤鬼」が宙に浮いていたという証言が出た翌朝、東屋《あずまや》に鶴岡和哉の死体が発見された。折からの嵐で外界から隔絶された島で次々に起こる謎の事件、果たして鶴岡を殺した犯人は？　そして西大寺家の秘密とは？

　広島県尾道市に生まれ、大学時代を岡山で過ごした東川篤哉さんは、岡山県の島を舞台にした長編を二つ発表されています。そのひとつは「ミステリーアイランド」で三宅香帆さんがレビューされた『館島』、そしてもうひとつが本作『仕掛島』です。一応シリーズではあるものの、本作から読んでも大丈夫。横溝正史『犬神家の一族』を思わせるような遺言状のシーンから始まり、東川さんならではのユーモアや緩《ゆる》いギャグを織り込みながらも、真相部分では東川作品でも最大スケールの物理トリックが炸裂。タイトルにもなっている「仕掛」とは何か？　絶海の孤島で館ものならこうでなくちゃ、と嬉《うれ》しくなってしまいます。

QUESTION

質問

『館島』『仕掛島』のような
大掛かりな物理トリックは?

A　大好き！　もっと読みたい……174人

B　荒唐無稽なトリックは嫌い……9人

C　どちらともいえない……37人

政宗九

第十一回　文庫化不可能！ 珍品中の珍品ミステリ

倉阪鬼一郎『波上館の犯罪』（講談社）

この「ミステリーアイランド」、私の担当も今回が最終回です。超有名作から、ちょっとマニアックな作品まで、様々な孤島ミステリを紹介してきましたが、最後に残していた作品があります。マニアックにもほどがある、珍品中の珍品ミステリ、倉阪鬼一郎さんの『波上館の犯罪』です！

寂《さび》れた某半島の突端にある孤島に建つ「波上館《はじょうかん》」。館のあるじだった波丘駿一郎《なみおかしゅんいちろう》は他界しており、妻の千波《ちなみ》、その再婚相手の間島《まじま》、長女の香波《かなみ》らが住んでいた。しかしその香波が何者かによって殺され、妹の美波《みなみ》が帰館して謎に挑むことになったのだが……。

今では時代小説作家として人気を博している倉阪鬼一郎さんですが、かつては翻訳家としても活躍、作家デビュー後はホラー小説を中心に傑作を書かれていました。その倉阪さんが講談社ノベルスでは自ら「バカミス」と銘打ったシリーズを続々と発表されました。詳しくは言えないのですが、講談社ノベルスの段組みでしか成立しないトリックを次々に繰り出すので文庫化は不可能。そして作品を追うごとに、目の肥えた読者の想像をさらに上回る驚愕のトリックを出してくるのです。

そのシリーズの極北が『波上館の犯罪』で、ある仕掛けが小説の最初から最後まで徹底されているものすごさ。二〇二三年に話題になったある文庫作品（新潮文庫ｎｅｘのアレ）に驚いた人がこのシリーズ、とりわけ本書を読むと、あまりの徹底ぶりに唖然《あぜん》とするはず。電子書籍でも読めますが、このすごさを体感するには、やはり紙の本をお薦めします。今では入手困難なシリーズですが、一度読むと抜け出せない、唯一無二の読書体験を、ぜひ。

QUESTION

質問

倉阪鬼一郎さんの
講談社ノベルス
「バカミス」シリーズは?

A　大好き！　全部読んだ……10人

B　一部読んだ……25人

C　一作読んで呆れてやめた……5人

D　未読……186人

帆

香

一九九四年、高知県出身。文芸評論家。京都大学大学院人間・環境学研究科博士前期課程修了。京都市立芸術大学非常勤講師。小説や古典文学やエンタメなどの幅広い分野で、批評や解説を手がける。著書に『人生を狂わす名著50』（ライツ社）、『文芸オタクの私が教える　バズる文章教室』（サンクチュアリ出版）、『なぜ働いていると本が読めなくなるのか』（集英社新書）など多数。

MYSTERY
ISLAND
三宅
MIYAKE Kaho

三宅香帆

第一回　はじめて「孤島」を知った推理小説

はやみねかおる
『消える総生島
名探偵夢水清志郎事件ノート』（講談社）

世界には「孤島」がある、ということを人生ではじめて知ったのは、この作品だった。そして同じような体験をした読者は、決して少なくないはずだ。

主人公たちが孤島で滞在する物語である。三つ子の亜衣《あい》・真衣《まい》・美衣《みい》は、ひょんないきさつから名探偵・夢水清《ゆめみずきよ》志郎《しろう》とともに、ある鬼の伝説が残る孤島・総生島《そうせいじま》に滞在することになる。孤島で起こる謎の事件について、夢水清志郎は謎解きができるのか？

青い鳥文庫レーベルから一九九〇年代から二〇〇〇年代にかけて刊行された「名探偵夢水清志郎事件ノート」シリーズの第三作として本書は刊行された。児童書の棚で本書を見つけ、「孤島」の入り口とする読者は多いだろう。それでいてこの小説のすごいところは、決して孤島ミステリとして子どもを舐《な》めていない――どころか、大人が読んでも間違いなく面白いところにある。山が消え、人が消え、そして島までもが消えてしまう、このトリックはいったい何？　子どもの頃に読んだ私も、大人になって再読すると感動するのだ。トリックの興奮、大がかりな仕掛け、そしてはやみね先生が本書で子どもたちに伝えようとするメッセージそのものの美しさ。どれをとっても一級品だ。

いつだってジャンルの入り口は、やさしく、おもしろく、だけど美しくなくてはいけない。そんなはやみね先生の倫理が見える、愛おしい「孤島」入門の一冊である。

QUESTION

質問

あなたも赤い夢の住人ですか？

A　もちろん！……74人

B　とっくの昔に夢から醒めました……9人

C　赤い夢って何……？……145人

第二回　日本を代表する「孤島」といえば、この研究所じゃないですか?

森 博嗣
『すべてがFになる THE PERFECT INSIDER』(講談社)

本を読む人に、「あなたにとっての孤島とは?」と尋ねると、本書のタイトルを挙げる人はたくさんいるのではないだろうか。『すべてがFになる』。今更ながら、なんて美しいタイトルなんだろう。そう惚《ほ》れ惚《ぼ》れしてしまう。

通信を遮断された孤島の研究所で起こる、密室殺人事件。これだけ聞くと、クラシカルな本

三宅香帆

格ミステリ小説かなと思う方もいるだろう。しかし本書の魅力は、クローズド・サークルミステリでありながら、これでもかと先進的な工学技術——プログラミングやVRやAIの知識が詰め込まれているところにある。二〇二〇年代になってやっと実現しつつあるVRやAIの世界を、森博嗣は一九九〇年代に既に描いていたのだ。早い。早すぎる。アニメ化されたのは二〇一五年だったが、当時もなお視聴者には新鮮に感じられた。

そしてなにより、本書に登場するキャラクターはとても魅力的だ。工学部の助教授である犀《さい》川《かわ》、学生の西之園《にしのその》、そして天才プログラマ真賀田《まがた》。人は誰だって天才が好きだ。本書で描かれる天才たちの言うことははっきり言って「何を言っているのかよくわからない」箇所も多い。が、それでもかっこいいし、なによりも彼らの言うことをもっと聞いていたいと思わせる。これこそがキャラクターの魅力なのだと、本書を読んで私は知った。

工学の美しさを日本中に知らしめたミステリ小説。——それが、この孤島の研究所に天才たちが集った意味だったのかもしれないのだ。

QUESTION

質問

あなたの森博嗣はどこから?

A　『すべてがFになる』……268人

B　他作品……34人

C　未読です！……49人

三宅香帆

第三回「美しい謎」を共有する四人の男女

恩田陸『黒と茶の幻想』（上下巻、講談社）

舞台となるのは、日本有数の古木であるJ杉で知られる離島「Y島」。若いころから友人関係にあった男女四人——利枝子《りえこ》、彰彦《あきひこ》、蒔生《まきお》、節子《せつこ》は久しぶりに集まって旅に行くことになる。ミステリー好きの彰彦の提案で、四人は旅立ちにあたって「美しい謎」をそれぞれ持ち寄る。不思議な話や謎めいた話をそれぞれ披露しあうのだ。社会人になって、子どもができたり離婚したりしてきた経験を経《へ》て集まった四人は、なごやかに再会を喜びながらも、どこかであ

の女性のことを考えている。——不可解な形で死んでしまった、憂理《ゆうり》のことを。

四人の会話がめっぽう面白く、読み返すたび「この会話劇をずっと読んでいたい」という気持ちで胸が満たされる。とくに夫婦でもない中年男女四人の旅行劇という設定だけでもう面白いのだが、記憶を掘り下げていく過程のスリリングさと、島の雄大な自然の奥深さが相まって、なんとも不思議な印象をもたらす一冊となっている。もちろん随所に登場するミステリ要素も大人の読者の心をくすぐるはず。

ミステリ好きのまま大人になったが、最近ゆっくりと本を読めていない、友人と喋ることができていない、そんなあなたにおすすめしたい一冊だ。

QUESTION

質問

屋久島に行ったこと、ありますか？

A　ある……………………………19人

B　ない……………………………281人

C　屋久島って、どこ？…………5人

第四回　犯人当てに自信はありますか？

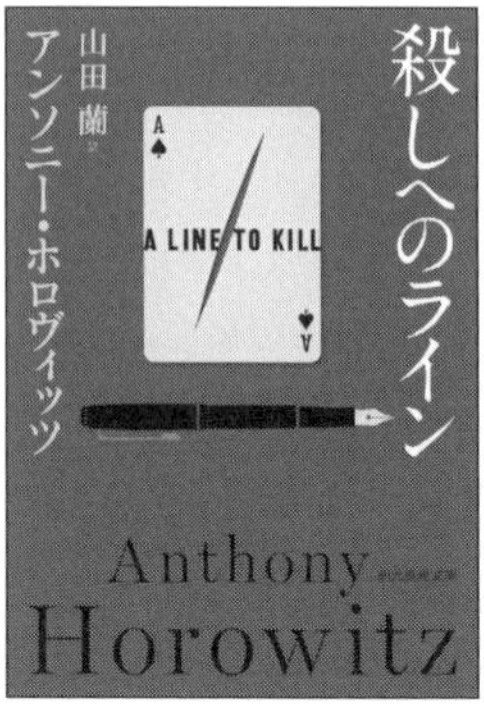

アンソニー・ホロヴィッツ
『殺しへのライン』（山田蘭訳、東京創元社）

「オルダニー島」という離島でおこなわれる文芸フェス。作家の〝わたし〟は、もうすぐ刊行予定の小説『メインテーマは殺人』のプロモーションをするためにやってきた。もちろん探偵ホーソーンも一緒だ。しかし参加してみると、文芸フェスの参加者たちは、皆どこか訳《わけ》ありげ。そこで突然、凄惨《せいさん》な殺人事件が起こってしまう。はたして犯人は誰？　そして今回こそ主人公は犯人を当てることができるのか？

三宅香帆

一作目で〝わたし〟（作者と同じ名のアンソニー・ホロヴィッツ）が、元警察官で今は探偵をしているダニエル・ホーソーンから「自分を主人公に据えた本を書いてくれ」と依頼を受けたことから始まった、ホーソーン＆ホロヴィッツシリーズの三作目となる本書。本シリーズの特徴は、出版界の裏話がたくさん収録されていること。今回も文芸フェスの裏側が垣間《かいま》見《み》えてとても面白い。

さらに毎度、犯人当てが主眼に置かれる点もこのシリーズの魅力のひとつだろう。ホームズシリーズへのオマージュ、あるいはクリスティ作品を彷彿《ほうふつ》とさせるような心理ゲーム。ミステリ好きの心に突き刺さる展開にはにやりとさせられる。犯人当てに自信のある方、ぜひ本書をご一読あれ！

QUESTION

質問

文芸フェスに参加したこと、
ありますか？

A　ある……31人

B　ない……223人

C　主催者だった……1人

三宅香帆

第五回　作家は何のために書くのか

ギヨーム・ミュッソ
『作家の秘められた人生』
（吉田恒雄訳、集英社）

地中海に浮かぶ、美しいフランス領の離島。そこに二十年住んでいるのは、筆を折った世界的人気作家フォウルズだった。彼は断筆宣言の後、穏《おだ》やかに沈黙を守りながら離島で暮らしていた。しかしある日、その静かな島の浜辺で、なんと女性の死体が発見された。彼女は誰かに殺されたのだ。そして島は封鎖されてしまう。犯人はいったい誰なのか？　フォウルズ、そして、フォウルズを追いかけてやってきた女性新聞記者マティルド、そしてフォウルズに指南を

仰ぐ若い作家志望のラファエルの三人が、殺人事件の真相を追う。

作家はなぜ書き続けるのか？　という本質に迫った一冊でもある。クリエイターがクリエイター自身の業について書いた作品はしばしばあるが、本書はそのなかでも「老いたクリエイター」フォウルズの物語にスポットライトを当てているところが魅力的だ。どんなに素晴らしい作家にも、老いはやってくる。しかしその老いとどのように向き合えばいいのか。創作は何のためにあるのか。離島の風景を楽しみながら、作家自身が抱える深い謎について書き記した物語を味わってみてほしい。

QUESTION

質問

ギヨーム・ミュッソの作品を読んだことが……

A　ある……11人

B　ない……222人

C　ファンです！……4人

三宅香帆

第六回　無人島で起こった事件をパズル仕立てで

恩田陸『puzzle』（祥伝社）

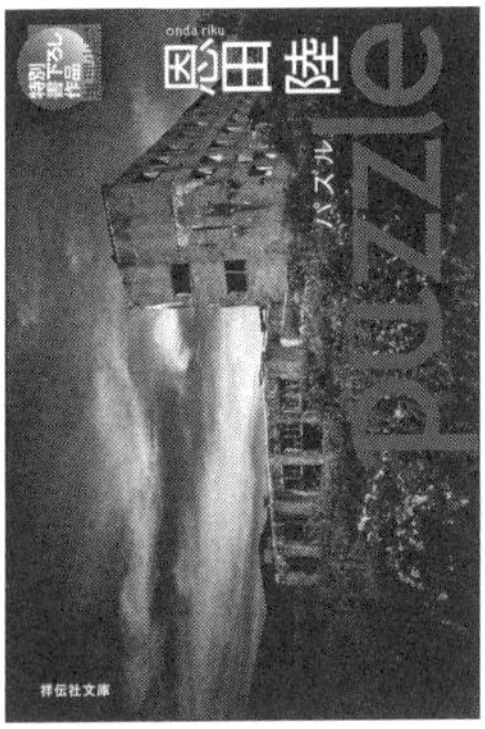

小説は三つのパートに分かれている。「Piece」、「Play」、そして「Picture」。パズルを組み立てるように、読者は推理小説を読み解いていくことになる。

――そこは、むかし鉱山の島だったという。しかしいまや廃墟となってしまい、コンクリートで囲まれた無人島と化した場所。そこで三人の男性が死体となって見つかった。一人は、体

育館で見つかった餓死死体。一人は、映画館で見つかった感電死体。そしてもう一人は、墜落したのであろう高層アパートの屋上で見つかった、全身打撲死体。しかも三人とも死亡時刻が近いという。不可思議な死因の謎を解くのは、ふたりの検事。彼らは無人島を歩きながらその謎に向き合うのだった。

冒頭は新聞記事など物語のヒントとなる描写から始まるため、戸惑う読者もいるかもしれない。しかしバラバラだったはずの資料のピースたちが、ひとつの絵になっていく読書の快感は、本当に圧巻！　離島を舞台にした殺人事件は数あれど、このようなパズル仕立ての作品はなかなかないはず。あなたはこの離島のパズルを解くことができるだろうか？

推理小説を読む爽快《そうかい》さを楽しんでほしい一冊！

QUESTION

質問

ジグソーパズル、好きですか?

A　好き……196人

B　苦手……12人

C　ほとんどやらない……85人

第七回　名作へのオマージュとコミカルな会話に微笑む

東川篤哉
『館島』（東京創元社）

六角形の館で発生する連続殺人……という説明をしただけで、勘のいい人はぴんとくるかもしれない。そう、言わずと知れた「館」ミステリの名著、綾辻行人『十角館の殺人』のオマージュ小説である。もちろん作中にもちらりと名前が登場する。そんな設定からしてミステリ好きへのファンサービス溢れる本書は、館ミステリの良さを再確認するような読書体験を可能に

三宅香帆

するだろう。

ある天才建築家が孤島に建てた、不思議な形をした館。そこに集められた人々のなかで連続殺人が起こってしまう。嵐によって外部との接触が断たれたなかで、館にやってきていた探偵・小早川沙樹《こばやかわさき》と、刑事・相馬隆行《そうまたかゆき》は、館と殺人の謎を解くことができるのか？

館ミステリの良さとは、その大胆な仕掛けによるインパクトで読者が「そんなのありなのか！」と驚くことができる点にあるだろう。探偵と刑事のコミカルな会話に微笑んでいると、あっという間にトリックに驚かされる。コメディと館ミステリと離島ミステリの良いとこどりをした小説としてぜひ楽しんでほしい。

QUESTION

質問

東川篤哉さんのシリーズ作品で
好きなのは?

A　謎解きはディナーのあとで
シリーズ……50人

B　烏賊川市シリーズ……130人

C　鯉ケ窪学園探偵部シリーズ
……15人

三宅香帆

第八回　精神的な密室のなかで消えた銃

古処誠二『アンフィニッシュト』（文藝春秋）

舞台は、東シナ海に浮かぶ、伊栗《いぐり》島。自衛隊の基地が存在しているその島で射撃訓練をしていたところ、一丁の銃が消えてしまった。防衛部調査班の朝香《あさか》二尉、パートナーの野上《のがみ》三曹は、どこへ銃が消えてしまったのか探すことになるが、犯人はおそらく自衛隊内に存在していることに気づいていく……。『アンノウン』に続いて同じ主人公が活躍する推理小説となっている。

閉鎖的な基地空間、自衛隊のタテ社会、そして島に住む人たちが抱える基地への不安。ひとつの事件から、さまざまな角度の問題が提示され、小説としての射程の大きさに驚かされる作品である。物理的な密室ではなくとも、精神的な密室がここにはある――そんな組織をめぐる心理戦も本書のみどころのひとつだ。

この小説が描く、自衛隊をめぐる不穏な空気は、決して小説のなかだけに留《とど》まるものではないだろう。現代の視点で読むと、二〇〇一年の原著刊行当時よりさらに本書の綴る自衛隊や防衛そして基地をめぐる問題に目が向いてしまうかもしれない。決してフィクションのなかだけではない、現実にも通じる問題を描いた「自衛隊」小説の傑作のひとつだと言えるだろう。

QUESTION

質問

あなたが孤島に行くならどちら?

A　南の島……185人

B　北の島……71人

第九回　少女たちの運命を知る旅

清水 朔
『奇譚蒐集録　弔い少女の鎮魂歌』
（新潮社）

大正時代、沖縄の離島で、殺人事件が起こる。探偵役は、帝大講師・南辺田《みなべだ》廣章《こうしょう》と書生・山内《やまうち》真汐《ましお》。キーとなるのは、離島でのみおこなわれている、奇怪な葬送儀礼。民俗学の知識を取り入れながら、離島の風習と不穏な事件に挑む。

本書の魅力は、なんといっても琉球の洗骨文化にまつわる民俗学研究要素、少女たちの伝承にとらわれる様子を描いたホラー要素、人鬼の存在がかかわってくるファンタジー要素、そし

三宅香帆

て謎の多い殺人ミステリ要素、明治〜大正という時代を舞台にしている時代小説要素、などといったひとつの小説に込められた要素の多さであろう。離島を舞台にしたミステリでありながら、ミステリファン以外の人々にも楽しんでもらえるような仕掛けが施されているのではないだろうか。

もしかしたら、読み始めは方言や時代設定に戸惑う人もいるかもしれない。しかし、ぜひ本書が最後に提示する少女たちの苛烈《かれつ》な運命まで辿《たど》り着《つ》いてほしい。離島に秘められた、少女たちが遭遇する不条理さには、じんわり涙すら出てきてしまう。シリーズものの第一作でもあるので、本書が面白かった方にはぜひ続刊も楽しんでもらえたらと思う。

QUESTION

質問

沖縄といえば?

A NHK連続テレビ小説『ちゅらさん』……168人

B 真藤順丈『宝島』……18人

C 高山羽根子『首里の馬』……11人

三宅香帆

第十回　離島に生きる高校生の葛藤

辻村深月
『島はぼくらと』（講談社）

主人公は、瀬戸内の小さな離島に暮らす高校生たち。朱里《あかり》、衣花《きぬか》、源樹《げんき》、新《あらた》は皆同級生で、島ではずっと一緒だった。しかし四人は、進学とともに、いつか離れなくてはいけない運命にある。その一方で島にはＩターンやＵターンで移住してきたり帰ってきたりする大人も存在している。離島を離れる人と、離島にやってくる人、お互いの思惑は絡み合う。——そんなある日、彼らに「幻の脚本」を探しているという青年が声をかけてくるのだった。

青春小説でありながら、過疎化する離島をめぐる群像劇でもある。本書は「幻の脚本」の謎というミステリ要素もあるが、それ以上に、離島という場所が現代日本でどのような存在になっているのか、若い世代が故郷をどのように受け止めているのか、という葛藤や心情描写に胸打たれる一冊になっている。

将来について悩まない学生などいないのかもしれないが、生まれ育った場所を「出て行かなくてはいけない」という運命を背負った離島の若い世代の悩みはよりいっそう深い。そんな彼らの葛藤や逡巡を、さわやかに、だけど切実に描いた本書。今の十代にもぜひ読まれてほしいな、と思っている。

QUESTION

質問

香川県の島といえば?

A　小豆島……194人

B　直島……25人

C　豊島……6人

第十一回　灯台に照らされた謎を解く

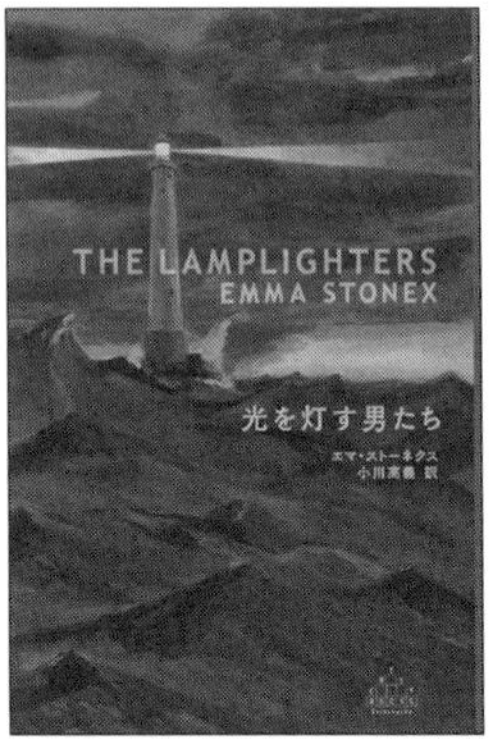

エマ・ストーネクス『光を灯す男たち』（小川高義訳、新潮社）

小説の舞台となる一九七二年当時。イギリスには、「灯台守」という仕事があった。彼らは灯台に住み込み、その火やレンズの点検をおこなうのだ。ある時、三人の灯台守が姿を消した。真相は分からないまま二十年が過ぎた時、ある作家が執筆のため事件の謎を解こうとする。……しかし取材に応じた灯台守の家族たちは、何かを隠しているようだった。

小説は、三人の灯台守の様子を綴った「1972」のパートと、彼らがいなくなった謎に迫

三宅香帆

る作家視点で進む「1992」のパートを交互に描きながら展開される。失踪事件の解明は、暗い海と、深い夜と、その中でぼうっと光る灯台の描写を挟みながら進んでゆく。

灯台はなぜ必要なのか。その答えが本書で呟かれる。「できるときに、できるだけの光を灯しておく。せいぜい明るく。そうやって暗闇を迎える」(P372)。人生もまた何が起こるか分からない暗い海かもしれない。しかしその中でも進んでゆけば、希望は見えてくるのではないか……そう思わせてくれるような読後感が魅力的だ。まるで小説全体が、灯台というモチーフに美しく照らされているかのようで、ハッと気がつくと読み終えているような、不思議な魅力のある一冊である。

QUESTION

質問

イギリスといえば？

A　シャーロック・ホームズ……246人

B　『高慢と偏見』……11人

C　ハリー・ポッター……30人

ト会議

二〇二三年一二月二日、webチャットツール上にて開催された「ドラフト会議」を編集したものです。

ドラフ
MYSTERY
ISLAND
DRAFT MEETING

ミステリーアイランド【ドラフト会議】

——みなさまお集まりいただきありがとうございます。これからMRCブックガイド企画「ミステリーアイランド」のドラフト会議をはじめさせていただきます。ご担当いただく十一の孤島作品の分担を決める会議です。まず編集部が書評を読みたい孤島小説十二作品からおひとり二島ずつを選んでいただきます。そのあと、あらかじめいただいた希望する孤島の書評執筆権をめぐるバトルロワイヤル開始となります。同順位で同じ孤島を指定した場合は「じゃんけん」が発生します。

青戸　初めまして、青戸しのです。普段は執筆とモデルのお仕事をしています。過去、「小説現代」で評論をさせて頂いた作品が候補に幾つかあって、是非取りに行けたらいいなと思っております。

大矢　大矢です。著書に『クリスティを読む！　ミステリの女王の名作入門講座』（東京創元社）、『歴史・時代小説　縦横無尽の読みくらべガイド』（文春文庫）など。大分出身・名古屋在住なので地元の島はぜひ取りたいですが、贔屓《ひいき》の中日ドラゴンズが二年連続最下位に沈んでおり、ぶっちゃけ今はいろんなことがもうどうでもいいです（編集部注：二〇二三年十二月時点）。

佳多山　MRCが先に開設した「ミステリースクール」及び「ミステリーガイド」にも参加した佳多山大地です。じつは僕のルーツは〈島〉にあります。両親も祖父母も愛媛県は宇和島港の沖合に浮かぶ九《く》島《しま》の出身で、二〇一六年に本土との架橋が実現するまではフェリーやポンポン船で帰省していたのでした。

千街　千街晶之です。二〇〇四年、『水面の星座　水底の宝石』で第四回本格ミステリ大賞と第五十七回日本推理作家協会賞を受賞。著書に『幻視者のリアル』など、編著に『本格ミステリ・フラッシュバック』『21世紀本格ミステリ映像大全』などがあります。二〇二三年は久しぶりの単著『ミステリ映像の最前線　原作と映像の交叉光線《クロスライト》』を刊行しました。

政宗　政宗九です。MRCでは過去に「ミステリーガイド」「ミステリースクール」を担当してきましたが、今回新たに「ミステリーアイランド」にも参加させていただけることになりました。本業は書店員をしています。書店勤務の傍ら、一九九〇年代の半《なか》ばから、ネット上で「政宗九」という名前で、ミステリについてあれこれ語っておりました。ミステリでは断然、本格ミステリが大好きで、「新本格ミステリ」の隆盛もリアルタイムで追っかけてきた世代です。ちなみに『十角館の殺人』発売時は二十歳で、発売と同時にむさぼるように読んだものです。「ミステリーアイランド」ではどんな孤島を再発見できるでしょうか。

三宅　書評家の三宅香帆です！　好きな離島は屋久島と小笠原諸島です！　孤島でもがんばります！

——では、まず編集部推薦の十二孤島のドラフトを開始します。他の人と被《かぶ》らなければ決定、先に他の人に決まった、あるいはじゃんけんに負けた場合は、希望順を繰り上げにいたします。

第一回指名孤島

青戸しの　『十戒』夕木春央
大矢博子　『はなれわざ』クリスチアナ・ブランド
佳多山大地　『そして誰もいなくなった』アガサ・クリスティー
千街晶之　『そして誰もいなくなった』アガサ・クリスティー
政宗　九　『消える総生島』はやみねかおる
三宅香帆　『消える総生島』はやみねかおる

——青戸さん、大矢さんは一位決定です。おめでとうございます。

大矢　単独指名キターーー！

青戸　ありがとうございます！　『消える総生島』も欲しかった……。

政宗　いきなり被ってる！

——三宅さん、政宗さん『消える総生島』じゃんけん、佳多山さん、千街さん『そして誰もいなくなった』じゃんけんをお願いします。では三宅さん、政

宗さんいきます。
三宅・政宗　せーの。
――パーを出した、三宅さんの勝ち！
三宅　やった～～～。
政宗　あー負けた……。
――三宅さん勝利！　では続いて佳多山さん、千街さん。まいります。
佳多山・千街　せーの。
――パーを出した、千街さんの勝ち！
千街　勝った！
佳多山　うーん。負けてしまった……。
――第一回結果発表です。負けた方は二位以下の作品が繰り上がります。政宗さんは、『消える総生島』『十戒』ともに失いましたので『夏と冬の奏鳴曲《ソナタ》』。佳多山さんは『十角館の殺人』が繰り上がりです。

第一回結果

青戸しの　『十戒』夕木春央
大矢博子　『はなれわざ』クリスチアナ・ブランド
佳多山大地　『十角館の殺人』綾辻行人
千街晶之　『そして誰もいなくなった』アガサ・クリスティー
政宗九　『夏と冬の奏鳴曲』麻耶雄嵩
三宅香帆　『消える総生島』はやみねかおる

――おめでとうございます。
大矢　いやーーー、故郷大分の十角館取られてるーーー！
青戸　親の顔ほど見た孤島ｗｗｗｗ
佳多山　十角館が獲《と》れたので良しとします！
三宅　実写化で話題の十角館！
政宗　あれ実写どうするんですかね？ｗ
大矢　大分と名古屋と三重は取りたかったのに……。一位指名でイタリア行ってる場合じゃなかった……。
――第二回指名孤島です。青戸さんは『消える総生島』『十角館の殺人』『そして誰もいなくなった』を失いました。三宅さんは、『そして誰もいなくなっ

た』を失いました。大矢さんも『十角館の殺人』『そして誰もいなくなった』を失い……。以下のバトルが勃発《ぼっぱつ》です。

第二回指名孤島

青戸しの　『すべてがFになる』森　博嗣
大矢博子　『獄門島』横溝正史
佳多山大地　『孤島パズル』有栖川有栖
千街晶之　『パノラマ島綺譚』江戸川乱歩
政宗九　『孤島パズル』有栖川有栖
三宅香帆　『すべてがFになる』森　博嗣

青戸　ひゃ〜頑張ります。
三宅　みんな獲りたかった『そし誰』。
大矢　しまった、ここで名古屋の島も青戸さんか三宅さんに、三重の島が千街さんにとられてしまう……岡山行ってる場合じゃなかった。
千街　パノラマ島ゲット！
政宗　大矢さんどっちも単独じゃないですかｗ　すごいですよ。
大矢　単独はいいけど地元の島が全滅です（泣）。
――青戸さん、三宅さんいきます。
青戸・三宅　せーの。
――チョキを出した、三宅さんの勝ち！
青戸　負けた〜！
三宅　とりました『すべてがFになる』！！！
政宗　三宅さん二連勝！
――次は『孤島パズル』をかけた対決です。政宗さん、佳多山さん、では、いきます。
政宗・佳多山　せーの。
――チョキを出した、政宗さんの勝ち！　佳多山さん、連敗……!!
政宗　よかった！　ちゃんと勝ちました！
――第二回結果を発表します。青戸さんが『すべてがFになる』『獄門島』『孤島パズル』『パノラマ島綺譚』を失い『黒祠の島』となりました。三宅さん『消える総生島』『すべてがFになる』で抜けました。政宗さん『夏と冬の奏鳴曲』『孤島パズル』で抜けました。大矢さん『はなれわざ』『獄門島』で

抜けました。佳多山さんが『孤島パズル』を失い『シャッター・アイランド』となりました。千街さん『そして誰もいなくなった』『パノラマ島綺譚』でお望みの上位二作品を独《ひと》り占《じ》めです。

第二回結果

青戸しの　『黒祠の島』小野不由美
大矢博子　『獄門島』横溝正史
佳多山大地　『シャッター・アイランド』デニス・ルヘイン
千街晶之　『パノラマ島綺譚』江戸川乱歩
政宗　九　『孤島パズル』有栖川有栖
三宅香帆　『すべてがFになる』森博嗣

佳多山　『シャッター・アイランド』は、レオナルド・ディカプリオ主演の映画のほうが原作より出来がいいんだよな……。
大矢　自己紹介で地元の島は取りたいと宣言したにもかかわらず、イタリアと岡山って。
――これで、編集部からの十二冊がすべて決定しました!!
千街　やった、上位二作品そのままゲット！
大矢　三重を持っていった千街さん……妬《ねた》ましい……。
千街　すみません、大矢さん（汗）。
佳多山　『黒祠』も獲れたら、夫婦そろってのゲットだったのに。
大矢　二冊とも単独で抜けてるのに、なぜこんな結果なのか。順位付けがヘタだったってことか。
三宅　夢水と犀川という教授コンビとりました！
――それでは、皆さまからいただいた指名孤島を巡るドラフトを始めます。こちらは全部で九島を決めることになりますので、長丁場となりそうですが、どうぞよろしくお願いいたします。

第三回指名孤島

青戸しの　『○○○○○○○殺人事件』早坂　吝
大矢博子　『信長島の惨劇』田中啓文

佳多山大地　「瓶詰地獄」夢野久作
千街晶之　『聖女の島』皆川博子
政宗　九　『仕掛島』東川篤哉
三宅香帆　『黒と茶の幻想』恩田　陸

――全員、希望孤島を確保できました！　策士！

青戸　やった！

――おおおおー!!!　すごい!!　これは奇跡！

佳多山　『聖女の島』はこの次に指名しようと思っていたのに……。

政宗　おお！　『仕掛島』は取りたかったんです、ネタバレだけど書店員なのでｗｗ

千街　なるほど、恩田さんはそっちの島もありましたか。

三宅　『黒と茶の幻想』好きすぎて屋久島行きましたｗ

――観戦（？）してるだけで喉《のど》カラカラになりますね……。

政宗　意外と白熱する……そして自分が挙げた作品がもう出てると凹《へこ》みますねｗ

千街　自分がじゃんけんする時は緊張しますけど自分が関係ないじゃんけんは見てて楽しいですね。

三宅　みなさんの孤島を見ると「確かに！　その手があったか！」と楽しいですｗ

――ただいま集計をしなおしておりますので、その間に、皆さま一位指名の孤島についてひとこと、選んだ理由を教えてください！　特に佳多山大地さんの「瓶詰地獄」が気になります（笑）。

佳多山　孤島ミステリーとしては、これが上陸最少人数かつ最年少記録なんじゃないですか？

――なるほど!!

政宗　さっき書きましたが、東川さんは『館島』もあるんですが、『仕掛島』の方が好きなんですよ。物理トリックとあの「仕掛」のネタが特に好きで。

青戸　挑発的なミステリ小説っていいですよね。

千街　皆川さんの『聖女の島』は絶対入れないと駄目だろうという思い入れが。でも佳多山さんも推しだったんですね。

三宅　『黒と茶の幻想』超好きで、もうひとつの孤島をおしのけて一位指名しました（もうひとつも指

名してるが獲れるかっ……)。
――続きまして、第四回です。

第四回指名孤島

青戸しの　『クビキリサイクル』西尾維新
大矢博子　『狗賓童子の島』飯嶋和一
佳多山大地　(『聖女の島』から繰り上がり)『迷蝶の島』泡坂妻夫
千街晶之　『三十棺桶島』モーリス・ルブラン
政宗　九　『七人の証人』西村京太郎
三宅香帆　『殺しへのライン』アンソニー・ホロヴィッツ

――なんと第四回もすべて希望通りです。しかし、他の方が押さえた孤島作品を見て、内心「やべ」と思っている方が、そろそろ出始めているはずです。
大矢　かぶらないもんですねー。
政宗　『迷蝶の島』、順位を下にしたのを後悔しますね。
三宅　孤島っていっぱいあるんですね!?
大矢　厳密には孤島ではないけど、幕末の交通・通信を考えれば孤島と言っていいかなと!(『狗賓童子の島』)
佳多山　あちゃー、『七人の証人』はこの次の指名予定だった……。
千街　『七人の証人』は忘れてた!
政宗　西村京太郎は欲しかったです。
――第五回にまいります。

第五回指名孤島

青戸しの　『予言の島』澤村伊智
大矢博子　『皮膚の下の頭蓋骨』P・D・ジェイムズ
佳多山大地　(『七人の証人』から繰り上がり)「#拡散希望」結城真一郎
千街晶之　『オルゴーリェンヌ』北山猛邦
政宗　九　『オーデュボンの祈り』伊坂幸太郎
三宅香帆　『作家の秘められた人生』ギヨーム・ミ

ユッソ

――なんとここまで青戸さん、三宅さん、政宗さん、大矢さん、千街さん無傷。しかし六人中五人の方が候補に入れている『オーデュボンの祈り』が消えたことで、波乱スタートです。次はじゃんけん発生します。

政宗　あー『予言の島』がぁ……。

三宅　『オーデュボンの祈り』がここで！！！

青戸　ぎゃ……じゃんけんだ……。

佳多山　短編の指名、二つともゲット。再読が楽。

――あ、そういえば。第四回で青戸さんが『クビキリサイクル』をゲットされている。青戸さんは、『新本格魔法少女りすか』のPVで主演されています。縁だ！

青戸　ｗｗｗｗ　いやーーーー！！！！！　西尾維新さん大好きです……、ありがとうございます……。

大矢　『オーデュボン』自分がとったと勘違いしてました。でも「コーデリア」がとれたのでヨシ。

――それでは、第六回です。

第六回指名孤島

青戸しの　『ちぎれた鎖と光の切れ端』荒木あかね

大矢博子　（『オーデュボンの祈り』から繰り上がり）『白昼の悪魔』アガサ・クリスティー

佳多山大地　（『オーデュボンの祈り』から繰り上がり）『そして誰も死ななかった』白井智之

千街晶之　『楽園とは探偵の不在なり』斜線堂有紀

政宗　九　『楽園とは探偵の不在なり』斜線堂有紀

三宅香帆　（『オーデュボンの祈り』から繰り上がり）『puzzle』恩田　陸

――政宗さん、千街さん『楽園とは探偵の不在なり』じゃんけんをお願いします。

千街　じゃんけん！

――まいりましょう。

政宗・千街　せーの。

――グーを出した、千街さんの勝ち！

政宗　負けました……。

千街　政宗さん、すみませんがいただきます！

――では、政宗さんは繰り上がって、『幻奇島』西村京太郎。

佳多山　『そして誰もいなくなった』が絶対ハズせない今回の企画で、白井智之さんの『そして誰も死ななかった』はタイトルの勝利。

政宗　『そして誰も死ななかった』、入れてたんですが残念！

――中間速報です！

第六回までの結果

青戸しの　『十戒』『黒祠の島』『〇〇〇〇〇〇〇〇殺人事件』『クビキリサイクル』『予言の島』『ちぎれた鎖と光の切れ端』

大矢博子　『はなれわざ』『獄門島』『信長島の惨劇』『狗賓童子の島』『皮膚の下の頭蓋骨』『白昼の悪魔』

佳多山大地　『十角館の殺人』『シャッター・アイランド』「瓶詰地獄」『迷蝶の島』「#拡散希望」『そして誰も死ななかった』

千街晶之　『そして誰もいなくなった』『パノラマ島綺譚』『聖女の島』『三十棺桶島』『オルゴーリェンヌ』『楽園とは探偵の不在なり』

政宗九　『夏と冬の奏鳴曲』『孤島パズル』『仕掛島』『七人の証人』『オーデュボンの祈り』『幻奇島』

三宅香帆　『消える総生島』『すべてがFになる』『黒と茶の幻想』『殺しへのライン』『作家の秘められた人生』『puzzle』

政宗　あとが全部取れても十一島ないですね、私。また考えなければ。

大矢　とりあえず信長島で「地元の島」という目標はクリア。あとはイタリアと岡山と隠岐と英ドーセット州とデヴォン州……。

――ご当地島みたいな……。

青戸　錚々《そうそう》たる島々……。

――第七回いきましょう。

第七回指名孤島

青戸しの　（『オーデュボンの祈り』から繰り上がり）『首切り島の一夜』歌野晶午
大矢博子　『はじまりの島』柳　広司
佳多山大地　（『〇〇〇〇〇〇〇殺人事件』から繰り上がり）『バトル・ロワイアル』高見広春
千街晶之　（『皮膚の下の頭蓋骨』から繰り上がり）『密室狂乱時代の殺人』鴨崎暖炉
政宗　九　（『楽園とは探偵の不在なり』『そして誰も死ななかった』『〇〇〇〇〇〇〇殺人事件』まで失いましたので）『凍える島』近藤史恵
三宅香帆　『館島』東川篤哉

大矢　そして今度はガラパゴスｗ（『はじまりの島』）どうも私は実在の島（もしくはモデルがはっきりしている島）が好きらしい。
政宗　『館島』も取られちゃいましたｗｗ
三宅　『館島』ゲットしました……!!
千街　こうして見ると、うっかり忘れてた島も多いですね……あっ、『バトロワ』も島か！
政宗　『バトロワ』は盲点でした！
青戸　『〇〇〇〇〇〇〇殺人事件』先にとっておいてよかった……。

――続いて、第八回です！

第八回指名孤島

青戸しの　『猫柳十一弦の後悔』北山猛邦
大矢博子　『好きです、死んでください』中村あき
佳多山大地　『孤島の来訪者』方丈貴恵
千街晶之　『帝王死す』エラリイ・クイーン
政宗　九　『帝王死す』エラリイ・クイーン
三宅香帆　（『首切り島の一夜』から繰り上がり）『アンフィニッシュト』古処誠二

――『帝王死す』、じゃんけんですね！
政宗　これもじゃんけんにｗｗ
千街　また政宗さんとじゃんけんｗ
政宗　千街さんとは指向が似てるのでしょうね。

——忖度《そんたく》ができないのがじゃんけん……、まいります。
政宗・千街　せーの。
——チョキを出した、政宗さんの勝ち！
政宗　おー勝てました！
千街　では『帝王死す』はよろしく〜。
政宗　ありがとうございます〜！
——千街さん、余裕がある……。
政宗　ＥＱは入れておきたかったです（でも海外はこれだけでした）。私はこれで打ち止めですね。
——実は、青戸さんと大矢さんが『オーデュボン』以外すべて希望通り。
青戸　良かった〜!!　安心して見てます（涙）。
——千街さんは『帝王死す』の繰り上がりで『恐るべき太陽』（ミシェル・ビュッシ）を獲得です。
——では、第九回です。

第九回指名孤島

青戸しの　『M博士の比類なき実験』森晶麿
大矢博子　（『恐るべき太陽』から繰り上がり）「不吉なる僧院」「奇蹟ゆえの死」（「修道女フィデルマ」シリーズの短編）ピーター・トレメイン
佳多山大地　『君のために鐘は鳴る』王元
千街晶之　「生存者、一名」歌野晶午
政宗九　（指名残りなし）
三宅香帆　『奇譚蒐集録　弔い少女の鎮魂歌』清水朔
政宗　もう奪い合いに関《かか》われないので、高みの見物してますw
青戸　ゆっくり行きましょう〜!!
——三宅さん、『殺しへのライン』よいですよね〜（結果を見返していた）。
三宅　『殺しへのライン』めっちゃすきなんですよ〜というかホロヴィッツが私大好きで！
——第九回までの速報です！

第九回までの自由選択分の結果

青戸しの　『〇〇〇〇〇〇〇〇殺人事件』『クビキリサイクル』『予言の島』『ちぎれた鎖と光の切れ端』『首切り島の一夜』『猫柳十一弦の後悔』『M博士の比類なき実験』
大矢博子　『信長島の惨劇』『狗賓童子の島』『皮膚の下の頭蓋骨』『白昼の悪魔』『はじまりの島』『好きです、死んでください』「不吉なる僧院」「奇蹟ゆえの死」（「修道女フィデルマ」シリーズの短編）
佳多山大地　「瓶詰地獄」『迷蝶の島』「＃拡散希望」『そして誰も死ななかった』『バトル・ロワイアル』『孤島の来訪者』『君のために鐘は鳴る』
千街晶之　『聖女の島』『三十棺桶島』『オルゴーリエンヌ』『楽園とは探偵の不在なり』『密室狂乱時代の殺人』『恐るべき太陽』「生存者、一名」
政宗九　『仕掛島』『七人の証人』『オーデュボンの祈り』『幻奇島』『凍える島』『帝王死す』
三宅香帆　『黒と茶の幻想』『殺しへのライン』『作家の秘められた人生』『puzzle』『館島』『アンフィニッシュト』『奇譚蒐集録　弔い少女の鎮魂歌』

青戸　ほぼ無傷だ……。
三宅　孤島ってこんなにあるんですね……w　壮観！
佳多山　ジェローム・ルブリの『魔王の島』は出ていないですね。あの作品、僕の場合は『シャッター・アイランド』とカブる内容なので避けました。
大矢　ああ、確かにそうかも。
千街　私も『魔王の島』は『聖女の島』と内容がかぶるので挙げませんでした。
青戸　皆さん孤島を愛してるんですね……。
大矢　かぶりを避けられ続けた結果、誰からも選ばれない『魔王の島』……。かぶりで言うなら、『はなれわざ』と『白昼の悪魔』の両方を取った私はどうすれば……。

——残り二回！　第十回です！

第十回指名孤島

青戸しの　『あなたは嘘を見抜けない』菅原和也
大矢博子　『迷宮百年の睡魔』森博嗣

佳多山大地　『ハイビスカス殺人事件』西村京太郎
千街晶之　『髑髏島の惨劇』マイケル・スレイド
政宗　九　（指名残りなし）
三宅香帆　（『楽園とは探偵の不在なり』から繰り上がり）『島はぼくらと』辻村深月

——被らず！　確かに『島ぼく』孤島ものですね！！！

——最後となりました！　十一回目のドラフトはいかに！

第十一回指名孤島

青戸しの　『超能力者とは言えないので、アリバイを証明できません』甲斐田紫乃
大矢博子　『ゲストリスト』ルーシー・フォーリー
佳多山大地　『ダークゾーン』貴志祐介
千街晶之　『T島事件』詠坂雄二
政宗　九　（指名残りなし）
三宅香帆　（指名残りなし）

政宗　『T島事件』！　あー後悔が続くw
三宅　尽きました……。
青戸　ひゃー!!　お疲れ様でした！
大矢　最後の一冊、『凶鳥《まがとり》の如き忌むもの』（三津田信三）とちょっと迷ったんですよね……。
佳多山　『バトロワ』を獲っているうえ、さらに貴志祐介『ダークゾーン』で追撃ち。
政宗　『ダークゾーン』！
——佳多山さん戦うお話ばっかり……。なんと、二時間で全部決めるのは無理だと思っていたのに！　後日、候補をいただく方もいらっしゃいますが、時間内にここまでやってまいりました。
千街　なんとか二時間で収まるもんですね……。
大矢　結局一度もじゃんけんしなかった……あれだけ練習したのに……。
政宗　大矢さんじゃんけんしなかったんですか。あんなに予行演習したのにw
——武闘派書評家。大矢さん、ほぼ無傷ですごい。
——自由選択分の最終結果です！！！！！！（指

名残りなしにより未定の分は、後日追加されました）

青戸しの　『〇〇〇〇〇〇〇殺人事件』『クビキリサイクル』『予言の島』『ちぎれた鎖と光の切れ端』『首切り島の一夜』『猫柳十一弦の後悔』『M博士の比類なき実験』『あなたは嘘を見抜けない』『超能力者とは言えないので、アリバイを証明できません』

大矢博子　『信長島の惨劇』『狗賓童子の島』『皮膚の下の頭蓋骨』『白昼の悪魔』『はじまりの島』『好きです、死んでください』「不吉なる僧院」「奇蹟ゆえの死」（「修道女フィデルマ」シリーズの短編）『迷宮百年の睡魔』『ゲストリスト』

佳多山大地　「瓶詰地獄」『迷蝶の島』「#拡散希望」『そして誰も死ななかった』『バトル・ロワイアル』『孤島の来訪者』『君のために鐘は鳴る』『ハイビスカス殺人事件』『ダークゾーン』

千街晶之　『聖女の島』『三十棺桶島』『オルゴーリエンヌ』『楽園とは探偵の不在なり』『密室狂乱時代の殺人』『恐るべき太陽』「生存者、一名」『髑髏島の惨劇』『T島事件』

政宗九　『仕掛島』『七人の証人』『オーデュボンの祈り』『幻奇島』『凍える島』『帝王死す』「ホロボの神」『アルカトラズ幻想』『波上館の犯罪』

三宅香帆　『黒と茶の幻想』『殺しへのライン』『作家の秘められた人生』『puzzle』『館島』『アンフィニッシュト』『奇譚蒐集録　弔い少女の鎮魂歌』『島はぼくらと』『光を灯す男たち』

佳多山　軍艦島物では、『聖女の島』と『ダークゾーン』のほか、大沢在昌さんの『海と月の迷路』や内田康夫さんの『棄霊島』などが残っています。

――「軍艦島物」というジャンル。たいへんバラエティに富んだすごい孤島書評を読める！　というたのしみが出来ました。すごかった。

大矢　病んでる系だと『青雷の光る秋』（アン・クリーヴス）とか『死を歌う孤島』（アンナ・ヤンソン）とかも、まだありますね。今更ですが『島ぼく』を孤島に入れていいなら、『猫島ハウスの騒動』（若竹七海）入れればよかった……。

佳多山　今回の企画の趣旨から考えても、『そして誰もいなくなった』（千街さん担当）と『十角館の殺人』（佳多山担当）は、とにかく早い回で出たほうがいいですね。他の作品を取り上げる際に、書名のみでも引用される可能性大だと思うので。

大矢　確かに引き合いに出すような超有名作は早めに出ていた方がありがたいですね。『白昼の悪魔』を紹介するときには『そし誰』と『はなれわざ』には触れたいですし、『迷宮百年の睡魔』のまえに『すべてがFになる』は出ていてほしいし。ってことで私は一回目は『獄門島』から入る予定でいます。イマドキのおしゃれ孤島の並びだと、場違いじゃがしかたない。（これが言いたかっただけ）

――最後まで、サービス精神旺盛な大矢さん……。それではみなさま、おつかれさまでした！　孤島ドラフト会議は、これをもちまして終了いたします。連載、どうぞよろしくお願いいたします。

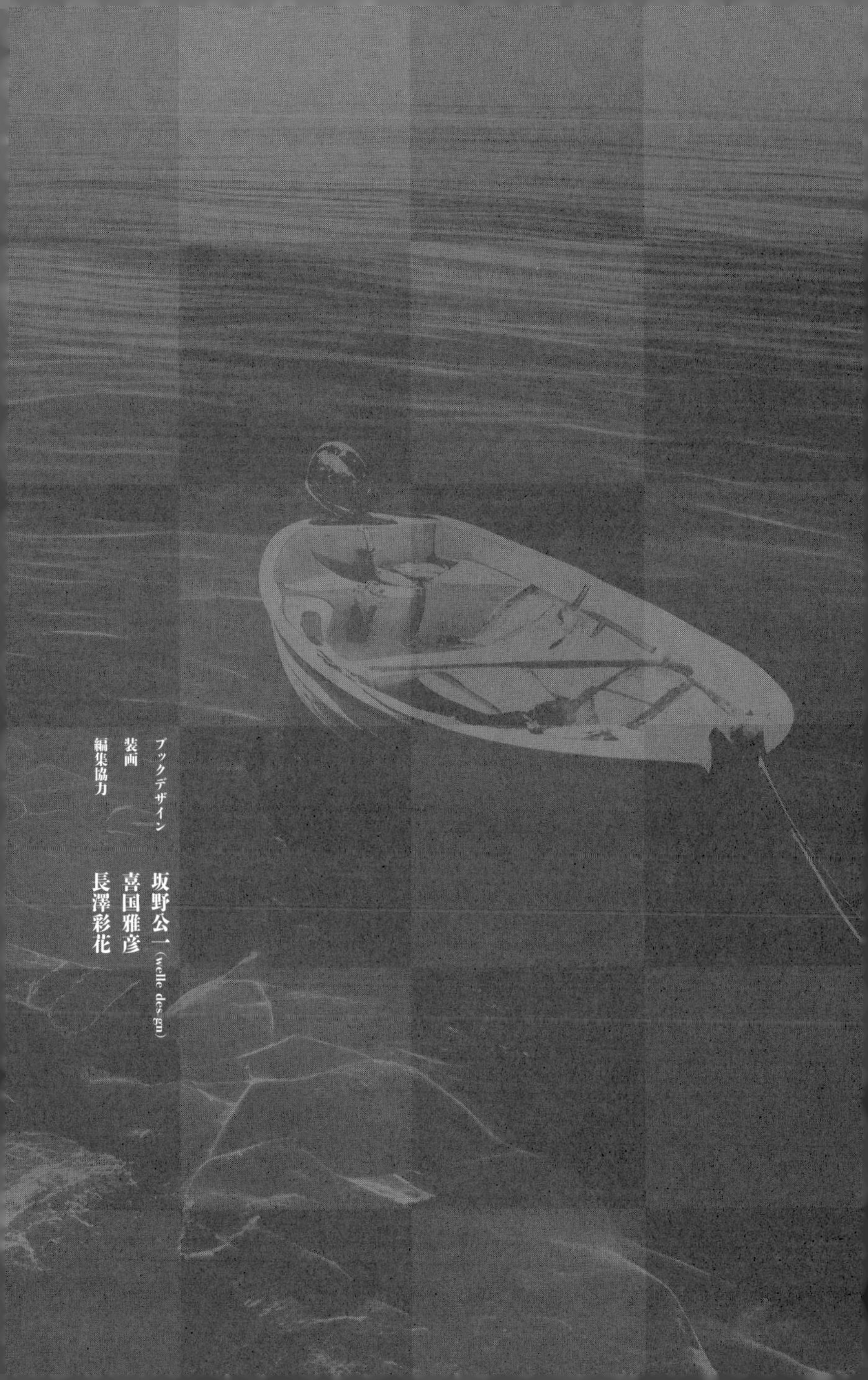

ブックデザイン　坂野公一（welle design）
装画　喜国雅彦
編集協力　長澤彩花

初出

本書に収録されているのは、
Mephisto Readers Club（ＭＲＣ）の有料会員の方に、
二〇二四年一月三〇日から二〇二四年七月四日まで
ＬＩＮＥで配信された「ミステリーアイランド」に
加筆修正したものです。

ミステリーアイランド

著者
青戸《あおと》しの
大矢博子《おおやひろこ》
佳多山大地《かたやまだいち》
千街晶之《せんがいあきゆき》
政宗　九《まさむねきゅう》
三宅香帆《みやけかほ》

編者
講談社《こうだんしゃ》

2024年10月15日　第1刷発行

発行者　篠木和久
発行所　株式会社講談社
〒一一二-八〇〇一
東京都文京区音羽二-一二-二一
電話　編集　〇三-五三九五-三五〇六
　　　販売　〇三-五三九五-五八一七
　　　業務　〇三-五三九五-三六一五

本文データ制作　講談社デジタル製作
印刷所　株式会社KPSプロダクツ
製本所　株式会社国宝社

KODANSHA

定価は函に表示してあります。
落丁本・乱丁本は購入書店名を明記のうえ、小社業務あてにお送りください。
送料小社負担にてお取り替え致します。
なお、この本についてのお問い合わせは文芸第三出版部あてにお願い致します。

ISBN978-4-06-537308-8
N.D.C.914 243p 19cm

MYSTERY
ISLAND